| 区域与国别法查明与研究大系 |

丛书主编 米良

老挝民法典及相关文本

唐超　刘荣华　覃雪丹 ◎译

米良　张慧　梁隆乾 ◎法学校订

Lao Civil Code and Related Legal Texts

中国法治出版社

CHINA LEGAL PUBLISHING HOUSE

总　序

我们的世界处在一个急剧变化的过程中，这种变化跌宕起伏、波澜壮阔，有时眼花缭乱，有时猝不及防。习近平总书记将其描述为“百年未有之大变局”。这个“变局”的大趋势是一强独大、唯我独尊的旧秩序不断被打破，更加公平、平等的新秩序逐步建立。在这个变局下，我们需要考虑新的问题：世界将会向何处去？我们如何处理与世界的关系？

习近平总书记关于“共同构建人类命运共同体”的思想传承和发展了人类追求美好社会的思想精髓，以全人类共同发展为根本出发点，着眼人类共同的未来，体现大国的历史责任，展示中国智慧，提供中国方案，为国际法提供了一个明确的、根本的指导思想，即国际社会制定或形成的所有国际规则的目的，是维护人类的共同利益，包括现在和未来。2023 年是“一带一路”合作倡议提出十周年。十多年来，这个倡议为世界提供了一个最广泛、最包容的“共商、共建、共享”的公共产品，让许许多多国家从中受益，我国同“一带一路”共建国家的经贸合作取得巨大发展，经贸数据告诉了我们一切。我们可以这样认为：“构建人类命运共同体”为前面的问题给出了理论答案，“一带一路”十多年则给出了实践答案。

2020 年 11 月召开的中央全面依法治国工作会议正式提出习近平法治思想，明确了习近平法治思想在全面依法治国、建设法治中国中的指导地位。习近平法治思想是一个完整、全面、系统的体系，包括国内法治和涉外法治两个部分，构成了一个有机的整体，不可分割。国内法治的思想具有基础性价值，而涉外法治的思想则涉及我国与外部世界的关系，同等重要。2023 年 2 月，中共中央办公厅、国务院办公厅下发了《关于加强新时代法学教育和法学理论研究的意见》，强调要“加快培养具有国际视野，精通国际法、国别法的涉外法治紧缺人才”，“加强外国法与比较法研究，合理借鉴国外有益经验，服务推进全面依法治国实践”，对新时代法治人才培养和法学研究提出了明确要求，指明了方向。

“一带一路”合作倡议十多年的实践证明，在与外国的经贸合作中，区域与国别法十分重要。我们要到某个国家投资做生意，就要了解那个国家的法律制度，所谓“入乡随俗”是也。我们只有遵守那个国家的法律制度，我们与那个国家的经贸活动才能顺利进行。十多年来的实践表明，我们对许多“一带一路”共建国家的法律制度知之不多，导致我们与他们的合作交流还存在不少障碍，甚至产生经贸纠纷。究其原因，一是这些国家使用的是非通用语言，我们国家精通这些国家语言的人才不多；二是我们对其法律制度关注研究不够，我们的法学家长期以来都把目光投向发达国家，对一些社会经济不够发达的发展中国家关注不够。不熟悉这些国家的法律制度导致我们的投资贸易带有一定盲目性，必然带来法律风险。随着国际局势和我国对外战略的变化，这种局面需要改变。我们需要对每一个国家的法律制度进行深入研究并拿出成果，以期提供相关文本与法律制度的参考。这需要我们作出努力。

我们出版这套“区域与国别法查明与研究大系”，就是基于上述考虑。

米良

序

把云南建设成为我国面向南亚东南亚辐射中心是习近平总书记考察云南时的重要指示，也是党中央赋予云南的历史使命和政治责任，随着“一带一路”倡议的推进、中国—东盟自贸区的升级、《区域全面经济伙伴关系协定》的生效运作以及“中老铁路”的开通运行，云南省在法律服务行业与南亚东南亚国家的深入交流与合作将不断加强，法律服务区域互联互通水平将进一步提高。在此背景下，由云南省律师协会南亚东南亚法律业务研究委员会主任唐超牵头翻译的《老挝民法典及相关文本》出版了。

这应该是国内首次由执业律师牵头，从老挝文直接翻译出版老挝法律文件，这也是云南省律师行业为国内老挝国别的法律研究作出的微薄贡献。

老挝民法典包含了总则，自然人、法人，家庭，财产、所有权及其他对财产的权利，合同，非合同债务，担保，遗产继承，附则共9编630条，其中既有世界各国民法典的共性内容，也有与老挝国家发展和民族特色相关的独有的个性化内容。

律师从事涉外法律服务需要较强的法学理论基础，不但要掌握国内法，还要熟悉国际法，更要知悉相应的国别法。在面向南亚东南亚的涉外法律服务中，该区域国家历史文化、法律制度、风俗习惯的多样性，决定了在南亚东南亚国家开展投资和涉外法律服务更具有挑战性。老挝民法典不仅是老挝公民生活、社会组织活动的法律规范，也是我国企业走进老挝开展投资经贸活动的法律指引，更是律师提供涉老挝法律服务的基础性法律规范。

法律规范文件的翻译，核心是语义准确和法律语言的精准表达，要求译者不仅应精通语言、了解语言国的历史文化，还需具备较高的法律素养和文字表达能力。本书的翻译团队包括熟悉中老两国语言的执业律师，还包括老挝语专业翻译人员，并得到了北京外国语大学法学院院长、著名东南亚法律研究专家米良教授和云南省涉外法律服务资深律师张慧、梁隆乾的指导。

随着越来越多的国家参与到“一带一路”倡议之中，中国律师“走出去”的涉外法律服务市场将越来越广阔，要做好中国律师涉外法律服务的文化贡献，提高对外国法律的理解及法律能力，还需要更多的优秀律师参与到具体国别法律文件的翻译和运用中来，其中从其本国语直接翻译的法律文件尤其重要。

本书的翻译出版，不但为律师开展对老挝法律服务提供了学习、研究的基础，为各类院校学者开展相关法律研究提供原始素材，也能为涉外企业开展对老挝投资贸易提供法律参考。期待更多的律师为中国涉外法律服务贡献自己的研究成果。

是为序！

万　立①

2023 年 10 月 4 日

① 万立，中华全国律师协会副会长，云南省律师协会会长。

目　录

老挝人民民主共和国民法典

（本法于2018年12月6日经第八届国会第六次会议审议通过　2019年1月18日国家主席令第144号颁布自2020年5月27日起生效）

目　　录

第一编　总　　则

第一章　目的及适用范围

第一条　立法目的

本法规定了自然人、法人及组织的权利和义务的取得、变更及终止的原则、规则及措施，其目的是维护社会平等、公平、合法及社会安定秩序，保护自然人、法人、组织、国家及集体的合法权利，满足人民物质及精神需求，维护老挝各族人民团结友好，促进国家公序良俗，发展社会经济。

第二条　民法典

民法典是整合现行民事法律体系内关于自然人、法人及非法人组织在财产权、所有权、家庭关系、合同之债、非合同之债、遗产继承以及其他各类民事法律关系之取得、变更与终止的规范。

第三条　释义

本法使用的词语具有以下含义：

（一）民事关系，是指自然人、法人及组织之间就一定目标或者其他对象而发生的具有财产性质或者非财产性质的关系。

（二）偶然因素，是指发生严重疾病、意外事故等致使债务人无法履行债务的无法预料的突然发生的因素。

（三）不可抗力，是指发生水灾、雷电、地震、战争等原因致使债务人无法履行债务的无法预料且无法控制的因素。

（四）损失，是指为了赔偿产生的损害，赔偿人赔偿给受损害人的金钱或者实物。

（五）直接损失，是指为了赔偿受损害人因工作或者消耗的时间而应当获得的利益，赔偿人赔偿给受损害人的金钱或者实物。

（六）间接损失，是指为了赔偿因债务人违约而损失的预期利益，债务人赔偿给债权人的金钱。

（七）精神损害赔偿金，是指受损害人或者受损害人家属获得的因精神受损害或者家庭成员失去生命而获得的赔偿金。

（八）权利人，是指有权请求义务人履行义务的人。

（九）义务人，是指应履行交付物品、完成工作、支付等义务或者为了权利人的利益而不进行法律行为的人。

（十）法律行为，是指民事法律行为。

（十一）紧急避险行为，是指为了防止国家或者他人的利益受到损害，行为人在不能采用他种方式的情形下不得已作出的行为。但是，紧急避险行为所造成的损失应当小于不采取紧急避险行为可能产生的损失。

（十二）雇主，是指让在自身管理下的人按照自身的命令或者指示履行职务的人。

（十三）请求权，是指权利人要求义务人履行合同约定或者法律规定义务的权利。

第四条　国家对民法典的政策

国家支持、鼓励及尊重公民行使基本权利、履行基本义务，保障公民在法律面前一律平等，保护公民的意思自治权、财产权、所有权、民事关系设立及履行权，以及宪法和法律规定的其他民事权益。

为了保障自然人、法人及组织维护自身权益及履行义务，国家通过制定规章、宣传及开展法律培训的方式，为公民认可、理解民事关系提供便利。

第五条　民法典与对民事关系有特别规定的其他法律的适用

民法典是对民事关系原则性的一般规定，适用于其他对民事关系有特别规定的法律。

其他法律与本法不一致的，适用本法规定。

民法典对民事关系没有规定的，适用对该民事关系有特别规定的其他法律。

第六条　习惯与其他相近的法律条文的适用

习惯，是指在特定民事关系领域、地区、民族、群体之间，长期使用、大众认同的约定俗成的规则。

民法典没有规定且民事关系中当事人也没有约定的，可以适用习惯。但是，不得违反宪法及法律规定。

其他相近的法律规定，是指民法典没有规定但可以用来解决民事纠纷的其他与调整该民事法律关系相近的法律规定。

不能适用习惯的，适用其他相近的法律规定。

第七条　民法典的适用范围

老挝人民民主共和国领域内的老挝公民、外国公民、老挝侨民、无国籍人员、国内或者国外的法人、组织之间的民事活动，适用本法。但是，老挝人民民主共和国参加的国际双边或者多边条约另有规定的除外。

本法与老挝人民民主共和国参加的国际双边或者多边条约的规定不一致的，适用国际双边或者多边条约的规定。

第二章　民法典的基本原则

第八条　民事关系的基本原则

民事主体从事民事活动，应当遵循以下原则：

（一）自由及自愿；

（二）法律地位平等；

（三）善意及真诚；

（四）尊重及遵守法律；

（五）公序良俗；

（六）责任人要承担民事责任。

第九条　自由及自愿

在遵守法律及尊重公序良俗的情形下，民事主体有权自由选择及按照自身的意愿参与民事活动，设立权利及义务。

第十条　法律地位平等

民事主体在民事活动中的法律地位一律平等，不因性别、年龄、职业、经济社会地位、教育水平、信仰及民族而有差别待遇。

第十一条　善意及真诚

民事主体从事民事活动，在设立、变更或者终止民事权利义务时应当善意及真诚。

第十二条　尊重及遵守法律

民事主体应当保证其从事民事活动的行为符合法律的规定，不得侵犯国家、集体及他人的合法权益。

第十三条　公序良俗

民事主体从事民事活动，应当在尊重公序良俗的基础上行使权利、履行义务。

第十四条　责任人要承担民事责任

民事主体从事民事活动，应当对因自身不当的作为或者不作为而产生的损害负赔偿或者履行其他义务的责任。

第三章　法律行为

第十五条　法律行为

法律行为，是指自然人、法人及组织基于自身自由的意思表示而发生的能够设立、变更或者终止民事关系的行为。

第十六条　法律行为的种类

法律行为分为单方法律行为、双方法律行为及多方法律行为。

单方法律行为，是指如债权人免除债务、立遗嘱等基于行为主体单方作出的意思表示而发生的行为。

双方法律行为，是指如买卖、租赁等基于行为主体双方合意而发生的行为。

多方法律行为，是指如合作入股、设立协会等基于行为主体多方意思表示而发生的行为。

第十七条　法律行为的条件

法律行为应当具备下列要件：

（一）明确的标的；

（二）自愿；

（三）行为能力；

（四）形式。

第十八条　标的

法律行为标的，是指法律行为主体通过法律行为欲实现的目的。

法律行为标的应当明确、真实、合法，不违反公共利益并可履行。

第十九条　自愿

法律行为主体自愿，是指主体在作出法律行为时系自愿作出，而非基于意思表示错误、受欺诈、被胁迫或者受暴力而作出，且不存在对当事人一方显失公平。

意思表示错误，是指法律行为主体作出的法律行为与其真实意愿不一致。

欺诈，是指当事人一方使用欺骗手段或者其他方式，使法律行为主体陷于错误而作出意思表示的行为。

被胁迫或者受暴力，是指使用武力威胁或者作出其他行为，使法律行为主体因自身、家人及其他亲属的生命、健康、财产、自由、名誉受到威胁而作出法律行为。

显失公平，是指在法律行为当中产生的利益明显不公平。

第二十条　行为能力

法律行为主体的行为能力，是指自然人、法人或者组织能够作出取得权利或者承担义务行为的资格。

第二十一条　法律行为形式

法律行为可以依照本法或者其他法律以书面、口头或者其他形式作出。

第二十二条　无效法律行为

无效法律行为，是指已成立但不符合本法第十七条规定的法律行为。

无效法律行为分为绝对无效法律行为及相对无效法律行为。

第二十三条　绝对无效法律行为

绝对无效法律行为，是指下列损害国家或者社会公共利益的行为：

（一）损害国家安全、社会安定秩序的法律行为；

（二）法人作出的违背自身组织及经营目的、章程的法律行为；

（三）以合法形式掩盖非法目的的法律行为；

（四）违反法定要式行为的法律行为。

绝对无效法律行为自始无效，法律行为主体无权承认绝对无效法律行为。

第二十四条　相对无效法律行为

相对无效法律行为，是指下列损害自然人权益的行为：

（一）缺乏自愿的法律行为，如基于意思表示错误、受欺诈、被胁迫或者受暴力而作出的法律行为，或者对当事人一方显失公平的法律行为；

（二）当事人无民事行为能力的行为；

（三）当事人在神志不清或者严重醉酒状态下作出的行为；

（四）代理人恶意代理的行为；

（五）在特别紧急情形下作出的法律行为。

相对无效的法律行为，经权利或者利益受损害的当事人追认后具有法律效力。

第二十五条　全部无效或者部分无效

法律行为全部无效，是指全部内容无效的法律行为。

法律行为部分无效，是指部分内容无效的法律行为。

第二十六条　绝对无效法律行为的认定

法院按照法律行为实施主体或者检察院的请求，对绝对无效法律行为进行认定。

第二十七条　相对无效法律行为的撤销

因相对无效的法律行为而受利益损害的当事人，应当及时告知另一方当事人，以撤销该法律行为。另一方当事人不同意撤销的，受利益损害的当事人可以向法院请求撤销该法律行为。

第二十八条　法律行为无效的后果

绝对无效的法律行为，自法律行为成立时起无效。

绝对无效的法律行为，损害国家安全、社会安定秩序的，因该行为取得的财产收归国有。

本法第二十三条第一款第二项、第三项、第四项所规定的绝对无效的法律行为，当事人双方应当互相返还已经给付的财产或者利益。

相对无效的法律行为，自法律行为成立之日起无效。但是，不得对抗善意第三人。

因误解、受欺诈、被胁迫或者受暴力而作出的相对无效的法律行为，或者对当事人一方显失公平的相对无效的法律行为，受损害方有权请求返还财产或者获得赔偿，过错方获得的财产收归国有。

因本法第二十四条第一款第二项、第三项、第四项、第五项所规定的相对无效法律行为而受损害的当事人，不承认该相对无效法律行为的，在该当事人给付了财产或者利益的情形下，受领人应当返还财产或者利益，双方约定但尚未履行的义务终止履行。

第二十九条　附条件的法律行为

附条件的法律行为，是指法律行为的生效或者终止取决于不确定事实的法律行为。

第三十条　附期限的法律行为

附期限的法律行为，是指法律行为的生效或者终止取决于确定时间的法律行为。

第四章　代　　理

第三十一条　代理

代理，是指为了被代理人的利益而以被代理人名义与第三人开展民事活动的行为。

代理分为法定代理及委托代理。

第三十二条　法定代理

法定代理，是指依据法律法规而产生代理权，或者有权机构基于法律规定而作出的代理行为。

法定代理人可以是父母、监护人或者其他管理人。

第三十三条　委托代理

委托代理，是指代理人基于合同约定从被代理人处获得代理权，而对第三人作出法律行为或者代理事务。

第三十四条　代理行为的效力

代理人的代理行为，只在代理人为有权代理，且向第三人告知其是以被代理人名义作出法律行为的情形下对被代理人生效。

第三十五条　代理人署名法律行为的效力

代理人作出代理行为时没有告知第三人代理事宜的，该行为只对代理人本人有效，但是第三人知道或者应当知道代理人在行使代理权的情形除外。

第三十六条　代理人的权利义务

代理人依照代理合同或者法律规定享有权利及履行义务。

代理人不得以被代理人的名义与自己、与自己利益相关的第三人或与自己同时代理的其他人实施民事法律行为。

第三十七条　被代理人的权利义务

被代理人按照合同约定或者法律规定享有权利或者履行义务。

第三十八条　复代理

法定代理人有权选任或者委托他人为复代理人。但是，应当对复代理人的行为承担责任。

客观上不得不转委托的，依据合同获得代理权的代理人有权选任或者委托复代理人。但是，代理人应当及时通知本人复代理人的品德、能力，并征得其同意。代理人怠于通知的，应当对复代理人的行为对本人造成的损害承担责任。

第三十九条　复代理人的权利义务

复代理人对被代理人和第三人承担与代理人相同的权利义务，并应当在代理人的转委托范围内履行权利义务。

第四十条　无权代理的效力

行为人无代理权，实施对被代理人产生权利义务的法律行为的，应当对该行为承担责任。但是，被代理人追认的除外。

被代理人知道或者应当知道行为人无代理权而实施法律行为，却不反对、不提出异议或者提供帮助的，该行为视为经被代理人追认。产生的损失，被代理人也应当承担责任。

法律行为的相对人知道行为人无代理权，可以书面告知被代理人在指定期限内追认。被代理人未在指定期限内答复的，视为拒绝追认，行为相对人可以单方终止该法律行为，发生损失的，有权要求赔偿。但是，相对人在行为发生时知道或者应当知道行为无代理权的除外。

第四十一条　越权代理的效力

代理人超越代理权限实施对被代理人产生权利义务的法律行

为，应当对该行为承担责任。但是，被代理人追认的除外。

相对人有合理理由相信行为人在代理权限范围内行使代理权的，该代理行为视为有效。

相对人知道代理人超越代理权限实施法律行为的，可以书面告知被代理人在指定期限内追认。被代理人未在指定期限内答复的，视为拒绝追认，行为相对人可以单方终止该法律行为，发生损失的，有权要求赔偿。但是，相对人在行为发生时知道或者应当知道行为超越代理权的除外。

代理人和相对人故意超越代理权限作出法律行为造成被代理人损害的，应当对被代理人的损失承担连带责任。

第四十二条　代理终止

出现以下情形之一的，法定代理终止：

（一）对未成年人监护终止；

（二）对限制或者丧失行为能力人监护终止；

（三）未成年人父母的权利义务终止；

（四）被代理人或者代理人死亡、解散或者破产；

（五）法律规定的其他情形。

出现以下情形之一的，委托代理终止：

（一）委托合同终止；

（二）法律规定的其他情形。

第五章　期　　间

第四十三条　期间

期间，是指民事法律关系行为人从起始时间起到终止时间可以行使权利及履行义务的期限。

第四十四条 期间确定

期间确定，是指规定期间范围、期间适用及计算、期间开始及结束的具体时间。

第四十五条 期间范围

期间范围，是指规定一定时之区间，可以使用秒、分、时、日、星期、月、年或者以一定事件发生来计算。

以周初、周中、周末、月初、月中、月末、年初、年中、年末为期间范围的，依照下列标准执行：

（一）周初，是指星期一至星期二的期间；

（二）周中，是指星期三至星期四的期间；

（三）周末，是指星期五至星期日的期间；

（四）月初，是指一日至十日的期间；

（五）月中，是指十一日至二十日的期间；

（六）月末，是指二十一日至月度最后一日的期间；

（七）年初，是指一月至四月的期间；

（八）年中，是指五月至八月的期间；

（九）年末，是指九月至十二月的期间。

第四十六条 期间适用及计算

期间的适用及计算，依照本法第四十五条的规定。但是，法律、法院裁决另有规定或者当事人另有约定的除外。

第四十七条 期间起始时间

期间在以下情形开始计算：

（一）期间范围是以分或者时计算的，自行为发生时开始计算。但是，法律、法院裁决另有规定或者当事人另有约定的除外。

（二）以日、星期、月或者年计算的期间范围，自终止日次日起开始计算。

（三）不能按照日确定期间范围的，自次月第一日开始计算。

（四）期间范围以自然灾害等特定事件的发生来确定的，自事件发生之日起开始计算。

未明确约定期间范围开始顺延的具体日期的，以期间范围截止次日为顺延的起始日。

第四十八条　期间结束

具有以下情形之一的，期间结束：

（一）期间范围以分钟或者小时计算的，期间最后一分钟经过时结束。

（二）期间范围以日、星期、月或者年计算的，期间最后一日经过时结束。

（三）期间的最后一日是法定节假日的，法定节假日工作的，以法定节假日为期间结束日。法定节假日休息的，以法定节假日结束次日为期间结束日。

（四）期间范围以自然灾害等特定事件发生开始计算的，期间结束以政府公告为准。政府没有公告的，以事件恢复正常之日为期间结束日。

第六章　时　　效

第一节　时效

第四十九条　时效

时效，是指法律规定的导致民事法律关系产生或者消灭的期间。

第五十条　时效的种类

时效包括：

（一）取得时效；

（二）消灭时效。

第五十一条　取得时效

取得时效，是指以自身所有的意思，公开、持续、稳定地占有或者使用财物，取得该物所有权的期间。不动产取得时效为二十年，动产取得时效为五年。

第五十二条　消灭时效

消灭时效，是指权利人在一定期间内不行使请求权，而使其权利归于消灭的期间。建设承包合同的请求权消灭时效为十年，其他类合同、损害赔偿请求权及其他类请求权的消灭时效为三年。但是，法律另有规定的，依照其规定。

第五十三条　时效的援引

当事人未将时效作为抗辩理由的，法院不得主动适用时效。

第五十四条　禁止变更时效

本法规定的时效期间，当事人不得约定变更。

第五十五条　对已过时效的债务或者义务的认可

债务人认可已过时效的债务或者义务的，时效期间自认可之日起重新计算，债务人有义务继续履行债务或者义务。

本条第一款规定对保证人等第三人不适用。

占有人同意返还占有的财物给原所有权人的，时效届满后，该财物所有权视为归属于原所有权人。

第五十六条　不适用时效的情形

下列情形，不适用时效规定：

（一）追索国家财产；

（二）请求履行对国家的义务，但是法律另有规定的，依照其规定；

（三）非财产权属性的人格权的请求权。

第二节　时效计算

第五十七条　时效计算

时效的计算依照下列规定：

（一）取得时效，自占有财物时开始计算，直至取得时效期限届满；

（二）消灭时效，自能够行使请求权之日起开始计算，直至消灭时效期限届满。

债务人以隐匿的方式逃避履行债务的，时效自权利人知道或者应当知道债务人去向信息、知道或者应当知道债务人最后的处所之日起开始计算。

第五十八条　新占有人的时效计算

新占有人代替原占有人继续占有的占有时效，自首位占有人占有财物之日起开始计算。

第三节　时效中止及中断

第五十九条　时效中止

时效中止，是指因债务人逃匿、水灾或者地震等事件发生，致使权利人行使请求权或者起诉有障碍，造成时效停止计算。

时效中止的计算，从事件发生之日起开始计算直至事件结束之日，或者按照政府对该事件的公告计算。

时效中止期间，不计入时效期间，时效中止原因消失后，中止前已经过的时效期间与停止后继续进行的时效期间合并计算。

第六十条　时效中止情形

具有以下情形之一的，时效中止：

（一）突发事件或者不可抗力事件；

（二）无行为能力人无法定代理人。

第六十一条　时效中断

时效中断，是指对已经经过的时效期间，不计入诉讼时效。

具有以下情形之一的，时效中断：

（一）权利人行使请求权或者起诉；

（二）义务人同意履行债务或者其他义务。

本条第二款规定的情形发生时，时效期间重新计算。

第六十二条　时效中断的效力

时效中断，只对当事人及其继承人有效。

共同请求权人、共同诉讼人当中的一人行使请求权或者起诉的，对其他共同请求权人的时效亦中断。

向债务人行使请求权、提起诉讼的，对担保人的时效亦中断。

共同债务人中的一人承认或者履行债务的，对其他共同债务人的时效亦中断。

向共同继承人中任一继承人请求遗产的，或者承认共同继承人中任一继承人权利的，对其他共同继承人的时效亦中断。

第二编　自然人、法人

第一章　自 然 人

第一节　自然人民事权利能力

第六十三条　自然人民事权利能力

自然人民事权利能力，是指依照法律规定享有权利、承担义务的资格。自然人民事权利能力从出生时起到死亡时止。

第六十四条　自然人民事权利能力内容

自然人民事权利能力内容，是指法律规定的权利和义务。

老挝公民拥有平等的民事权利。

外国人、在老挝拥有永久居留权的外国人和无国籍人，拥有与老挝公民同等的民事权利。但是，法律或者条约另有规定的除外。

第二节　人　格　权

第六十五条　人格权

人格权是自然人的特殊权利，不得赠与，不得转让。包括生命权、身体权、健康权、自由权、名誉权、荣誉权、姓名权、隐私权等作为自然人的权利。

第六十六条　人格权的保护

人格权受宪法、法律保护，任何人不得侵害。法律另有规定的，依照其规定。

人格权受到侵害的，受害人有权要求加害人停止侵害、消除影响。未能得到合理解决的，受害人可以要求有权机关处理。除恢复原状外，还有权依法主张赔偿。

第三节　自然人民事行为能力

第六十七条　自然人民事行为能力

自然人民事行为能力，是指享有民事权利，承担民事义务的能力。

第六十八条　无民事行为能力人

无民事行为能力人，是指未成年人、民事行为能力丧失或者受限制的人。

第六十九条　成年人与未成年人

成年人，是指年满十八周岁的人。

成年人为完全民事行为能力人。但是，行为能力丧失或者受限制的除外。

未成年人，是指未满十八周岁的人，具有不完全的行为能力。

第七十条　限制民事行为能力人

限制民事行为能力人，是指因毒品或者精神药品等原因而不能控制或者不能预判自身行为，可能造成自身或者他人权益损害的人。法院有权认定限制民事行为能力人。

第七十一条　丧失民事行为能力人

丧失民事行为能力人，是指因精神健康而没有行为能力或者不知行为后果，可能造成自身或者他人权益损害的人。法院有权认定丧失民事行为能力人。

第七十二条　未成年人参与民事法律关系

未成年人参与民事法律关系应当得到父母或者监护人的同意。

但是，与其年龄相符的生活活动除外。

未成年人的民事行为未得到父母或者监护人同意的，行为无效。

第七十三条　未成年人的经营行为

未成年人经父母或者监护人的同意依法从事包括买卖、服务、生产活动。经营活动过程中，拥有与成年人同等的行为能力。

第七十四条　未成年人劳动

未成年人经父母或者监护人同意，可以按照劳动法或者其他法律提供劳动。

第七十五条　限制或者丧失民事行为能力人的认定

父母、监护人、管理人、检察机关或者相关机构，有权向法院请求认定其管理的人为限制或者丧失民事行为能力人。

法院认定限制或者丧失民事行为能力人时，应当为其指定监护人。

第七十六条　认定限制民事行为能力人的效力

自然人被法院认定为限制或者丧失民事行为能力人后，其未得到监护人同意或者未经监护人代理的行为无效。但是，为日常生活实施的行为除外。

限制民事行为能力人恢复正常状态后，本人或者利害关系人有权请求法院撤销认定其为限制民事行为能力人的裁决。

第七十七条　认定丧失民事行为能力人的效力

自然人被法院认定为丧失民事行为能力人后，不得独立开展民事法律行为。监护人作为法定代理人为其利益实施法律行为。

丧失民事行为能力人恢复正常状态后，本人或者利害关系人有权请求法院撤销认定其为丧失民事行为能力人的裁决。

第四节　限制或者丧失民事行为能力人的监护

第七十八条　限制或者丧失民事行为能力人的监护

法院认定的限制或者丧失民事行为能力人，应当由监护人依照本法及其他法律的规定保护其权益。

第七十九条　法院指定监护人的条件

法院指定的监护人，是指受法院指定的照顾或者保护限制或者丧失民事行为能力人的人。

法院指定的监护人应当满足以下条件：

（一）有民事行为能力；

（二）从未因故意犯罪而被判处自由刑；

（三）从未被裁决破产；

（四）从未被禁止担任监护人。

第八十条　监护人的权利义务

限制或者丧失民事行为能力人的监护人具有以下权利：

（一）为照顾被监护人而使用其财产；

（二）为管理、保护被监护人财产支付必要费用；

（三）对限制民事行为能力人作出的重要或者大价值的民事行为提出意见；

（四）以代理人身份保护限制或者丧失民事行为能力人权益。

限制或者丧失民事行为能力人的监护人具有以下义务：

（一）照顾并保障被监护人的医疗；

（二）以代理人身份实施民事行为；

（三）管理、保护被监护人的财产；

（四）依照本法第四百八十七条的规定对被监护人行为造成的

损害承担责任。

第八十一条　监护人资格的解除、撤销和变更

有下列情形之一的，监护人资格可以被解除、撤销和变更：

（一）不符合本法第七十九条规定的条件；

（二）监护人死亡或者被法院宣告失踪；

（三）作为监护人的组织停止活动；

（四）监护人不具备履行义务的能力，履行义务不当或者严重违反义务；

（五）监护人因正当理由请求解除监护资格。

第八十二条　监护的转移

解除或者变更监护人的，原监护人应当自新监护人被确定之日起十五日内将监护人移交给新监护人。监护权的转移应当书面记录。

移交记录应当包括：

（一）监护权转移的理由；

（二）移交时，被监护人的财产情形。

监护权移交记录应当由村长或者法院作为见证人。

依照本法第八十一条的规定请求解除监护资格或者变更监护人的，由法院指定新的监护人。

第八十三条　监护权的终止

有下列情形之一的，监护权终止：

（一）被监护人经法院确认具有完全民事行为能力；

（二）被监护人死亡。

第八十四条　终止监护的效力

法院确认被监护人具有完全民事行为能力的，监护人应当自监护权终止之日起三个月内，清算被监护人的财产并将剩余财产返还给被监护人。

被监护人死亡的，监护人应当自监护权终止之日起三个月内，清算被监护人的财产并将剩余财产返还给被监护人的继承人。被监护人财产的继承适用本法第八编的规定。

第五节　住　　所

第八十五条　住所

自然人的住所，是指户籍所在地或者实际居住地。

自然人的住所无法确定的，以最终居住地为其住所。

第八十六条　未成年人的住所

未成年人以父母住所为其住所。父母住所不一致的，以共同生活一方的住所为住所。

经父母双方或者一方同意，未成年人可以拥有与父母不同的住所。

第八十七条　被监护人的住所

被监护人以监护人的住所为其住所。

依照法律规定或者监护人同意，被监护人可以拥有与监护人不同的住所。

第八十八条　夫妻的住所

夫妻以共同居住地为住所。

夫妻按照约定可以拥有不同住所。

第八十九条　军人、警察的住所

保卫国家、保障安全的军人、警察或者履职的公务员，以工作地或者常住地为住所。但是，拥有通常居住地的除外。

第九十条　服刑人员的住所

服刑人员以服刑地为住所。

第九十一条　外国人、在老挝有长期居留权的人以及无国籍人的住所

入境旅行或者工作的外国人以向入境管理公安机关或者外国人管理机关申报的地址为住所。

在老挝有长期居留权的人以及无国籍人以登记的居住地为住所。

第六节　失踪和宣告死亡

第九十二条　失踪

失踪，是指离开家庭或者住所下落不明满二年，或者因战争、灾害、事故下落不明满六个月，而被法院宣告失踪的情形。

失踪期间从失踪人最后一次有音讯之日开始计算。不能确定最后音讯之日的，从失去音讯次月第一日开始计算。不确定失去音讯月份的，从次年一月一日开始计算。

因事故失踪的，从事故发生之日开始计算。因战争或者灾害失踪的，从战争或者灾害结束之日开始计算。

第九十三条　有权请求宣告他人失踪的人

配偶、父母、亲属或者有利害关系的组织、个人有权向法院请求宣告下落不明的人为失踪人。

第九十四条　失踪宣告的登记

法院宣告失踪的，请求人应当向被宣告死亡人户籍所在地县级司法行政部门办理失踪登记。

失踪人没有户籍所在地的，向其经常居住地县级司法行政部门办理失踪登记。

第九十五条　宣告失踪的效力

法院宣告失踪具有以下法律效力：

（一）应当指定失踪人的财产管理人；

（二）配偶有权请求离婚并分割夫妻财产；

（三）债权人有权向法院请求从失踪人的财产中清偿债务；

（四）失踪人的财产管理人依照法律规定行使权利、履行义务，包括抚养失踪人的子女，保护失踪人的权益等。

第九十六条　失踪宣告的撤销

失踪人重新出现，或者有确切证据证明其生存的，本人或者利害关系人有权请求法院撤销宣告失踪的认定。

法院撤销失踪宣告的，失踪人的法律权利义务予以恢复。但是，婚姻关系或者已合法处分的财产除外。

第九十七条　宣告死亡

宣告死亡，是指离开家庭或者住所下落不明满三年，或者因战争、灾害、事故下落不明满二年，而被法院宣告死亡的情形。

宣告死亡下落不明期间的计算适用本法第九十二条第二款、第三款的规定。

第九十八条　有权请求宣告他人死亡的人

符合本法第九十三条规定的自然人和组织有权请求宣告他人死亡。

第九十九条　死亡宣告的登记

法院宣告死亡的，请求人应当向被宣告死亡人户籍所在地县级司法行政部门办理死亡登记。

被宣告死亡的人没有户籍所在地的，向其经常居住地县级司法行政部门办理死亡登记。

第一百条　宣告死亡的效力

宣告死亡具有以下效力：

（一）婚姻关系终止；

（二）继承开始。

第一百零一条　死亡宣告的撤销

被宣告死亡的人重新出现，或者有确切证据证明其生存的，本人或者利害关系人有权请求法院撤销宣告死亡的认定。

法院撤销死亡宣告的，被宣告死亡人的法律权利义务予以恢复。但是，婚姻关系或者已合法处分的财产除外。

第二章　法　　人

第一节　一般规定

第一百零二条　法人

法人是依法登记，可以参与民事关系，享有与自然人同等的权利义务，并可以作为原告或者被告的组织。

法人具有以下基本特征：

（一）有自身的章程；

（二）依法登记；

（三）有法定代表人、管理机构等组织机构；

（四）有资产并对债务承担责任；

（五）以自身的名义独立参与民事活动。

第一百零三条　法人的民事权利能力

法人的民事权利能力，是指依照法人章程规定的目的以及法律法规的相关规定，享有权利、承担义务的能力。

法人的民事权利能力始于依法设立之日。

依照老挝人民民主共和国法律审批的外国法人，与国内法人享有同等的权利，承担同等的义务。法律另有规定的，依照其规定。

第一百零四条　法人的民事行为能力

法人的民事行为能力，是指法人独立享有权利、承担义务的能力。

法人的民事行为能力始于依法设立之日，终于终止之日。

第一百零五条　法人的设立

法人可以按以下方式设立：

（一）人合；

（二）资合。

由一人设立的法人称为一人有限公司。

第一百零六条　人合方式设立法人

人合方式设立法人，是指二人以上以共同的意愿和目的，设立以营利为目的的企业或者非营利目的的社团法人。

第一百零七条　资合方式设立法人

资合方式设立法人，是指一人或者多人以资金、财产或者物质作为出资，具有共同的意愿和目的，以非营利为目的设立法人。

第一百零八条　法人的章程

法人的章程，是指规定法人目的、机构和活动，约束法人成员或者相关个人的规定。法人章程应当经法人设立成员同意，并依照法律的规定取得有关机构的备案。

法人的章程应当包括以下主要内容：

（一）法人的名称；

（二）法人的目的和经营范围；

（三）法人的住所；

（四）注册资本；

（五）法人的组织和管理机构；

（六）章程的变更或者修订条件；

（七）法人的合并、分立和解散；

（八）人合法人的成员以及成员的权利义务；

（九）资合法人的出资人，资产明细，资产数额；

（十）争议解决方式。

修改或者变更法人章程，应当依照法律的规定向有关机构报备。

第一百零九条　法人的名称

法人的名称应当依照法律的规定使用老挝语及（或者）外文，并体现法人的组织特征。

依法获得批准或者备案的法人名称受法律保护。

法人应当以自身名称开展活动。

第一百一十条　法人的住所

法人的住所，是指法人主要办事机构所在地。

法人的住所是法人的联系地址。法人可以选择分支机构或者代表机构所在地作为联系地址。

第一百一十一条　法人的组织和管理机构

法人应当设立组织机构。

法人的组织和管理机构应当在法人章程或者设立合同中予以规定。

第一百一十二条　法定代表人

法定代表人是代表法人从事经营活动的人。包括章程或者法律规定的董事长或者总经理。

董事长或者总经理授权他人代理自身职务时，被授权人为代理人。

法人可以按照章程确定一名或者多名代表。

法定代表人利益与法人利益冲突时，法定代表人不得代表法人从事该业务。法人章程有其他规定的除外。

第一百一十三条　法定代表人的变更

法人可以按照章程或者法律的规定，变更法定代表人或者限制、变更代表权限。但是，对善意第三人无效。

第一百一十四条　法定代表人资格的终止

有下列情形之一的，法定代表人资格终止：

（一）任期届满；

（二）被取消资格；

（三）被法院认定选任程序违法，或者丧失民事行为能力、破产；

（四）死亡、辞职，或者不具备法定代表人条件。

第一百一十五条　法人的责任

法人对其法定代表人的经营行为承担责任。法定代表人的行为超越经营权限的，适用本法第四十一条的规定。

法人对法定代表人以外其他成员的行为不承担责任。

不同形式的法人依照法律规定承担债务。

第一百一十六条　法人的变更

依法设立和登记的法人，可以依照法律、章程的规定或者法人决定进行合并、分立等变更。

第一百一十七条　法人的合并

法人依照章程的规定或者合并决定，并经有权机关批准，可以合并。

第一百一十八条　法人的分立

法人依照章程的规定并经有权机关批准，可以分立。

第一百一十九条　法人的解散

具有以下情形之一的，法人解散：

（一）有章程规定的解散事由；

（二）已实现法人设立目的或者目的无法实现；

（三）被法院裁决破产；

（四）被法院裁决解散；

（五）法律规定的其他情形。

第一百二十条　法人的清算

法人依照本法第一百一十九条规定解散的，应当依法清算。

第二节　社　　团

第一百二十一条　社团

社团，是指具有共同意愿，不以营利为目的，为保护社团、成员或者共同体合法权益的社会组织。

第一百二十二条　社团的法人地位

依照本法或者其他法律设立的社团具有法人地位。

第一百二十三条　社团类型和活动范围

社团具有以下类型：

（一）经济性社团；

（二）职业、专业技术、文艺创作性社团；

（三）社会福利或者其他社团。

社团的活动范围包括：

（一）全国性社团；

（二）省或者首都范围社团；

（三）县、区、市的社团；

（四）村级社团。

社团可以在批准的范围内设立分支机构或者代表机构。

第一百二十四条　设立社团的条件

设立社团应当满足以下条件：

（一）社团目的不得违反宪法、法律和国家、地方和民族的善良风俗，不得危害国家安全稳定、社会秩序和他人自由的权利；

（二）发起人是依照本法规定具有民事行为能力的自然人或者法人；

（三）拥有章程，并有保障目的实现的场所、财产；

（四）有足够的成员。

第一百二十五条　设立社团的请求

设立社团的条件、规定和程序，适用法律法规的其他规定。

第一百二十六条　社团章程

社团章程应当包括组织名称和本法第一百零八条以及相关法律法规规定的内容。

第一百二十七条　社团的组织和管理机构

社团应当设立组织机构。

社团的组织和管理机构由章程或者设立决定规定。

第一百二十八条　社团会员大会

会员大会是社团的最高权力机构，按照社团章程的规定组织召开。

第一百二十九条　社团合并、分立、解散

社团的合并、分立和解散适用本法第一百一十七条、第一百一十八条、第一百一十九条的规定。

第三节 非营利法人

第一百三十条 非营利法人

非营利法人，是指为文化、教育、环境、公共卫生、体育、科学、慈善、人道等公共利益而设立的有资金、特定财产和独立法人地位，不以营利为目的的社会组织。

第一百三十一条 非营利法人的活动范围

非营利法人的活动范围包括：

（一）全国性的非营利法人；

（二）省或者首都范围的非营利法人；

（三）县、区、市的非营利法人。

第一百三十二条 设立非营利法人的条件

设立非营利法人应当满足以下条件：

（一）非营利法人目的不得违反宪法、法律和国家、地方和民族的善良风俗，不得危害国家安全稳定、社会秩序和他人自由的权利；

（二）发起人是依照本法规定具有民事行为能力的自然人或者法人；

（三）拥有章程，并有保障目的实现的场所、财产。

第一百三十三条 设立非营利法人的请求

设立非营利法人的条件、规定和程序，适用法律法规的其他规定。

第一百三十四条 非营利法人章程

非营利法人章程应当包括组织名称和本法第一百零八条以及相关法律法规规定的内容。

第一百三十五条　非营利法人的组织和管理机构

非营利法人应当设立组织机构。

非营利法人的组织和管理机构由章程或者设立决定规定。

第一百三十六条　非营利法人的合并、分立和解散

非营利法人可以按照设立人的目的合并、分立和解散。

非营利法人的合并、分立和解散适用本法第一百一十七条、第一百一十八条、第一百一十九条的规定。

第三编　家　　庭

第一章　一般规定

第一百三十七条　家庭

家庭是由共同生活的父母、子女或者其他具有血缘关系的成员构成并依法取得户籍证明的社会生活单位。

第一百三十八条　家庭关系

家庭关系来源于婚姻登记，共同养育亲子女或者养子女，并承担家庭权利义务关系。

家庭关系与出身、社会地位、经济地位、国籍、民族、文化程度、职业、宗教等无关。

第一百三十九条　亲属与亲属等级

家庭关系中的亲属包括血亲和姻亲。

（一）血亲包括直系血亲和旁系血亲。

上位直系血亲包括：父母、祖父母、曾祖父母。

下位直系血亲包括：子女、孙子女、曾孙子女。

养子女与亲子女具有同等地位。

旁系血亲包括：兄弟姐妹、兄弟姐妹的子女、叔父母。

（二）姻亲包括：配偶的父母以及兄弟姐妹。

第一百四十条　夫妻地位平等

夫妻在婚姻家庭中地位平等。

第一百四十一条　婚姻自由

达到法定结婚年龄后，婚姻自由。

任何组织、家庭或者个人不得强迫、干涉子女、侄子女、其他家庭成员，或者管理的职员、公务人员的婚姻自由。

第一百四十二条　一夫一妻制

结婚应当遵循一夫一妻制原则。

第一百四十三条　保护妇女、未成年人权益

夫妻共同生活、分居或者离婚时，国家和社会优先保障妇女、未成年人的合法权益。

第一百四十四条　家庭发展

国家鼓励组织或者社会成员积极创建模范之家、文化之家，建立和谐、温暖、公平、文明的家庭关系。

第二章　婚约和订婚

第一百四十五条　婚约

男女双方有结婚意愿，但是还未具备结婚条件的，双方可以按照风俗习惯签订结婚决定书作为订婚，男方是否赠送聘礼不影响订婚。

订婚或者不订婚不影响结婚，订婚不产生结婚的法律约束力。

第一百四十六条　婚约不履行

具有本法第一百四十五条规定的订婚情形，男方无充分理由不结婚的，已赠送聘礼的，女方不退还聘礼。男方未赠送聘礼的，应当按照约定对女方予以补偿。

女方无充分理由不结婚的，男方已赠送聘礼的，女方应当退还。男方未赠送聘礼的，女方不补偿。

第一百四十七条　提亲

男女双方结婚时，男方及男方父母、长辈或者所属单位代表至女方家，按照风俗习惯向女方父母、长辈提亲。根据男女双方的经济能力和条件商量婚礼费用、婚礼仪式等，并予以记录。

第一百四十八条　违反提亲约定的赔偿

男女一方无充分理由违反提亲时的约定，使另一方遭受名誉损害或者婚礼准备费用损失的，应当赔偿。

第一百四十九条　婚前性行为

男女双方发生婚前性行为，因男方原因未与女方结婚的，男方应当按照风俗习惯对女方或者女方家庭进行精神损害赔偿。因女方原因未与男方结婚的，不承担精神损害赔偿。

婚前性行为导致女方怀孕的，男方除应支付精神损害赔偿费外，还应当支付分娩费、妊娠费、终止妊娠费或者其他相关费用。

男女双方均应履行抚养子女的义务，直至子女成年。

第三章　结　　婚

第一节　结婚条件与规定

第一百五十条　结婚条件

男女结婚应当满足以下条件：

（一）年满十八周岁；

（二）相爱并有结婚意愿；

（三）未婚、离婚或者丧偶的应当具备合法凭证。

第一百五十一条　结婚的禁止事由

具有以下情形之一的，禁止结婚：

（一）同性之间；

（二）近亲之间。包括禁止父母、祖父母、外祖父母及长辈与子女、孙子女、外孙子女及晚辈之间结婚。养父母禁止与养子女结婚。继父母禁止与继子女结婚。禁止亲子女与亲子女、继子女、养子女之间结婚。禁止养子女与养子女之间结婚。禁止叔父母与甥侄之间结婚。

继子女之间，在父母离婚后可以结婚。

第一百五十二条　婚姻登记

男女双方结婚应当向双方共同居住地或者任意一方居住地的县级内政部门婚姻登记处提交书面结婚申请。

婚姻登记处认为双方符合结婚条件的，即给其办理登记手续，登记时应当有三位证人在场。

男女双方的夫妻关系自婚姻登记之日起生效。

第一百五十三条　婚礼

婚礼可以举行也可以不举行，可以在结婚登记时或者登记后举行。婚礼不具有法律约束力。

婚礼应当尊重优良风俗习惯，秉持节俭原则。

第二节　涉外婚姻

第一百五十四条　老挝公民与外国人、在老挝有永久居留权的外国人及无国籍人在老挝结婚

老挝公民与外国人、在老挝有永久居留权的外国人及无国籍人在老挝结婚，拥有与老挝公民相同的婚姻家庭关系权利和义务。

老挝公民与外国人、在老挝有永久居留权的外国人及无国籍人在老挝结婚，适用本法第一百五十条至第一百五十二条的规定。

老挝公民与外国人、在老挝有永久居留权的外国人及无国籍人在老挝结婚，应当到男女双方共同居住地或者任意一方居住地的省级内政部门依照家庭登记法的规定登记结婚。

第一百五十五条　外国人、在老挝有永久居留权的外国人及无国籍人之间在老挝结婚

外国人、在老挝有永久居留权的外国人及无国籍人之间在老挝结婚，适用老挝法律或者任意一方国家的法律。

适用任意一方国家法律的，到该国大使馆或者领事馆办理结婚。

外国人、在老挝有永久居留权的外国人及无国籍人之间在老挝结婚，到男女共同居住地或者任意一方居住地的省级内政部门、驻老挝大使馆或者领事馆依法办理结婚。

第一百五十六条　老挝公民之间在境外结婚

国家承认老挝公民之间在境外按照老挝法律登记的婚姻。

老挝公民之间在境外结婚，由老挝驻外国代表机构中的婚姻登记部门按照家庭登记法的规定办理。

第一百五十七条　老挝公民与外国公民、在老挝有永久居留权的外国人、无国籍人在境外结婚

国家承认老挝公民与外国公民、在老挝有永久居留权的外国人、无国籍人在境外按照男女共同居住地国家法律进行的结婚登记。登记后依照老挝人民民主共和国法律的相关规定，向老挝驻该国大使馆或者领事馆备案。

老挝公民与外国公民、在老挝有永久居留权的外国人、无国籍人在境外结婚，可以依照家庭登记法的规定到老挝驻外国代表机构中的婚姻登记部门进行婚姻登记，或者依照所在国法律进行婚姻登记。

第三节　无效婚姻

第一百五十八条　无效婚姻

有下列情形之一的，婚姻无效：

（一）不满足本法第一百五十条规定的结婚条件；

（二）具有本法第一百五十一条规定的禁止结婚情形。

第一百五十九条　无效婚姻的撤销

夫、妻或者夫妻父母，人民检察院、婚姻登记机关或者利害关系人，有权请求撤销无效婚姻。

法院有权撤销无效婚姻。

第一百六十条　无效婚姻的效力

法院裁决撤销无效婚姻时，夫妻关系终止。胎儿或者婚姻期间生育的子女为合法子女。

无效婚姻撤销前取得的财产属于共同财产，依照本法第二百九十条规定进行分割。

第四章 夫妻关系

第一百六十一条 夫妻权利

夫妻在婚姻家庭中地位平等，共同处理家庭问题。

夫妻依照法律规定有相互代表权。

第一百六十二条 夫妻参加活动的权利

夫妻双方都有参加政治、经济、文化和社会活动的权利。

夫妻应当共同选择居住地。

第一百六十三条 姓氏选择权

夫妻有选择男方或者女方姓氏作为家庭姓氏的权利，男方或者女方有保留自身姓氏的权利。

第一百六十四条 夫妻义务

夫妻双方负有相互照顾的义务，共同对子女抚养、教育和保护的义务，共同建立文化、先进家庭的义务。

第一百六十五条 夫妻共同债务

夫妻或者夫妻一方应当对以下债务承担责任：

（一）夫妻共同设立的债务；

（二）夫妻一方以个人名义为家庭生活所负的债务；

（三）夫妻一方为追求个人利益所欠下的债务，另一方用个人财产帮助偿还的，依法有权追偿。

夫妻一方在分居后为了家庭利益或者经双方同意所欠下的债务，由夫妻双方共同承担。但为了个人利益且未经另一方同意的，个人自行承担。

第五章　夫妻共同财产

第一百六十六条　夫妻财产

夫妻财产包括婚前财产与婚后共同财产。

第一百六十七条　婚前财产

婚前财产指在结婚前夫妻一方就已经取得的财产，可以是继承取得、赠与取得，或者在婚后明确给予夫妻一方的有形财产或者无形财产。

婚前财产产生的孳息、收益或者成果，属于夫妻一方的婚前财产。夫妻一方对另一方婚前财产的产生共同参与作出贡献的，则婚前财产产生的孳息、收益或者成果等属于夫妻共同财产。

第一百六十八条　婚后共同财产

共同财产指夫妻双方在婚姻存续期间共同创造的财产。但是，价值不高的私人物品除外。

夫妻双方同居或者分居时取得的财产，也属于共同财产。

因维修夫妻一方婚前财产而使用了夫妻共同财产或者另一方婚前财产，且维修价值超过原财产价值三分之二的，该婚前财产视为夫妻共同财产。

第一百六十九条　夫妻共同财产的使用

夫妻双方有平等使用共同财产的权利，而不论共同财产的来源。夫妻一方有因家庭原因合理使用共同财产的权利。涉及买卖土地或者房屋使用权、使用财产提供担保等对共同财产作出重大处分时，应当取得夫妻双方的一致认同。

第六章 婚姻关系终止

第一百七十条 婚姻关系终止

具有以下情形之一的，婚姻关系终止：

（一）离婚；

（二）法院认定为无效婚姻；

（三）夫妻一方死亡。

第一节 离 婚

第一百七十一条 离婚

离婚，是指依照本法第一百七十六条规定终止夫妻关系。

禁止任何人干涉或者强迫离婚。

第一百七十二条 离婚形式

离婚有以下形式：

（一）协议离婚；

（二）诉讼离婚。

第一百七十三条 协议离婚

协议离婚指因夫妻双方协商解除婚姻关系。

协议离婚应当满足以下条件：

（一）对子女抚养达成一致意见；

（二）对共同财产的处理达成一致意见；

（三）对共同债务的处理达成一致意见。

协议离婚由夫妻双方所在地县级内政部门依照家庭登记法的规定办理。

第一百七十四条　协议离婚的程序

夫妻协议离婚的，应当在至少三名见证人见证下于双方父母、长辈面前签署离婚申请书。离婚申请书签署后递交给双方居住地的村长。村长收到离婚申请书后，应当对双方进行调解，调解无效的，应当给予双方三个月冷静期。

三个月冷静期后，夫妻双方决定离婚的，村长应当出具离婚备忘书并提交至县级家庭登记机关，由家庭登记机关向夫妻颁发离婚证。

第一百七十五条　诉讼离婚

诉讼离婚，是指法院根据夫妻一方的起诉或者请求，判决离婚。

诉讼离婚应当满足以下条件：

（一）有夫妻一方的离婚起诉状；

（二）具有本法第一百七十六条规定的原因；

（三）在子女抚养权、共同财产、共同债务等问题上存在争议。

诉讼离婚自法院作出生效裁决后发生效力。

第一百七十六条　离婚事由

有下列情形之一的，夫妻一方可以请求离婚：

（一）出轨；

（二）对配偶、父母或者亲属进行家庭暴力或者言语侮辱，或者存在严重酗酒、吸毒、赌博、好吃懒做等恶习；

（三）未与家人联系或者未支付抚养费满三年；

（四）在双方意见不统一的情况下，私自出家为僧或为尼三年以上的；

（五）属于本法第九十五条规定被人民法院宣告失踪的人；

（六）被法院判决五年以上有期徒刑的；

（七）身患重病不利于双方继续共同生活的；

（八）精神失常不利于双方继续共同生活的；

（九）无法进行正常性生活的；

（十）因夫妻不忠诚、共同生活不利于精神健康等导致无法继续共同生活的。

第一百七十七条　诉讼离婚的程序

法院受理离婚诉讼后，应当进行调解。调解无效的，应当给予当事人不超过三个月的冷静期。

冷静期届满不能和好且有本法第一百七十六条规定情形的，法院判决离婚。法院在作出判决时，应当优先保护未成年人、无劳动能力的当事人一方的利益。

法院判决离婚后，应当将生效判决书的副本，交由家庭登记部门登记，离婚证书夫妻双方各执一份。

第一百七十八条　不得提出离婚

女方怀孕期间或者分娩后一年内，男方不得提出离婚。但是，女方提出离婚的除外。

第一百七十九条　子女的抚养

夫妻离婚后，仍负有抚养、教育子女的义务。

夫妻双方对子女抚养不能达成一致意见的，法院应当按照对未成年子女最有利原则判决由一方抚养，另一方支付抚养费至子女成年。

第一百八十条　扶养费

离婚时或者离婚后，一方因婚姻关系存续期间疾病原因导致生活困难，有权诉讼要求另一方支付扶养费，有经济能力的另一方应当给予扶助。但是，扶养费的支付期限不超过二年。

第一百八十一条　婚前财产及夫妻共同财产分割

婚前财产及夫妻共同财产依照以下方式分割：

（一）婚前财产归财产所有人一方所有；

（二）夫妻共同财产按照平均分配原则进行分割。夫妻一方被裁决认定在婚姻关系存续期间存在出轨、欺诈或者挪用共同财产过错的，过错方只能分到共同财产三分之一的份额。

离婚后与未成年子女共同居住的夫妻一方，有权获得共同财产三分之一的份额用于抚养子女。出现本法第二百一十七条规定的抚养费不足情形时，另一方有义务支付子女抚养费直到子女成年。扣除未成年子女抚养费后剩余的共同财产，由夫妻双方平均分配。

夫妻共同财产在离婚后进行分割。

有下列情形之一的，经夫妻一方请求也可以在离婚前对夫妻共同财产进行分割：

（一）夫妻已分居；

（二）夫妻一方挪用共同财产用于不正当用途，或者对共同财产有不当目的的；

（三）夫妻一方被法院认定为失踪人员的。

第一百八十二条　剩余彩礼的支付

剩余彩礼的支付指补足未完全履行的提亲时约定的彩礼。

因男方过错离婚的，应当按照提亲时约定的数额补足彩礼。因女方过错离婚的，剩余的彩礼可以不再支付。

第二节　涉外离婚

第一百八十三条　老挝人与外国人、在老挝有永久居留权的外国人或者无国籍人离婚

老挝人与外国人、在老挝有永久居留权的外国人或者无国籍人离婚，适用本法规定。

第一百八十四条　外国人、在老挝有永久居留权的外国人及无国籍人在老挝办理离婚

外国人、在老挝有永久居留权的外国人及无国籍人在老挝办理离婚，适用本法第一百七十一条至第一百八十二条的规定。

第一百八十五条　老挝公民在外国办理离婚

老挝公民在外国办理离婚，可以按照老挝法律或者居住国法律办理。

老挝公民在外国办理离婚，由老挝驻当地大使馆或者领事馆受理。

第一百八十六条　老挝公民与外国人、在老挝有永久居留权的外国人或者无国籍人在外国办理离婚

老挝公民与外国人、在老挝有永久居留权的外国人或者无国籍人在外国办理离婚，可以按照老挝法律、居住国法律或者对方国家法律办理。

老挝公民与外国人、在老挝有永久居留权的外国人或者无国籍人在外国办理离婚，应当告知老挝驻当地大使馆或者领事馆。

第一百八十七条　老挝公民与外国人、在老挝有永久居留权的外国人或者无国籍人办理离婚登记

老挝公民与外国人、在老挝有永久居留权的外国人或者无国籍人在老挝办理离婚登记，在居住地的省级民政部门办理。

老挝公民与外国人、在老挝有永久居留权的外国人或者无国籍人在外国办理离婚，在老挝驻外国代表机构中的婚姻登记部门或者依照当地国法律规定办理。

第三节　配偶死亡

第一百八十八条　配偶死亡

配偶死亡包括自然死亡和宣告死亡。

第一百八十九条　自然死亡

自然死亡是指因疾病、年老、意外事故或遭受他人非法剥夺生命等明确且实际的原因造成的死亡。

第一百九十条　宣告死亡

符合本法第九十七条规定条件的为宣告死亡。

第四节　离婚或者复婚的法律效力

第一百九十一条　离婚的法律效力

离婚将产生以下法律效力：

（一）分割共同财产；

（二）抚养未成年子女至成年；

（三）共同负担婚姻关系存续期间所产生的债务。

第一百九十二条　终止使用共同的姓氏

若夫妻双方在结婚时改变自身姓氏、使用了一方的姓氏作为共同姓氏，在离婚或者被法院判定为无效婚姻后，改变姓氏的一方有权改为使用原姓，或者在另一方不反对的情形下，继续使用共同姓氏。

第一百九十三条　复婚

复婚的夫妻，应当依照本法规定重新办理结婚登记。

第七章　父母与子女的关系

第一节　亲　子　女

第一百九十四条　父母与亲子女的权利义务

法律规定的父母与子女之间的权利义务，自子女出生时产生。

亲子女是指具有合法婚姻关系的父母或者没有婚姻关系的父母所生之子女。男方可以自愿承认或者经法院判决认定生父的身份。

第一百九十五条　宣告出生及出生登记

新生儿出生后，诊所、医院、家长或者家庭代表应当宣告出生并依照家庭登记法的规定进行登记。

第一百九十六条　子女姓名

父母有为子女选择姓名的权利。成年子女有权变更姓名。

父母姓氏相同的，子女使用父母的姓氏。

父母姓氏不同的，经父母协商一致，子女可以使用父亲、母亲或者父母双方的姓氏。协商不成的，由法院裁决。

父母离婚或者婚姻关系被法院判定为无效的，不改变子女姓氏。子女随夫妻一方生活的，共同生活一方在子女未成年时，有权变更子女姓氏为自身的姓氏。

改姓或者改名，依照相关法律规定执行。

第一百九十七条　亲子认定

生父证明只在生父母未婚时存在。

取得生父证明后，生父与子女之间的亲子关系自子女出生时产生。

自愿申请的生父证明，应当由父母双方共同自愿向县级家庭登记机关提交说明书，说明书应当取得女方同意，证明男方为子女的生父。若女方已死亡，证明书也可以由男方单独提出。

子女已成年的，男方在取得子女同意的情形下也可以证明自身为生父。生父已结婚的，不得成为阻碍证明其为子女生父的理由。

男方不知道自身为子女生父的，子女的母亲、监护人或者已成年的子女有权向法院起诉男方为生父。

法院在以下情形时，有权判定男方为生父：

（一）女方在子女出生前与男方同居，或者双方有共同财产；

（二）共同照顾或者教育子女；

（三）有医学证明等证据证实男方为子女生父。

第一百九十八条　亲子关系否认

男方有证据证明自身并非生父的，有权向法院提起诉讼否认亲子关系。诉讼期限为知道子女出生后一年内。

第二节　养　子　女

第一百九十九条　收养子女

养父母收养子女后，养子女享有与亲子女同等的权利。被收养后，养子女与生父母之间的权利义务终止。

养子女的证明凭证，应当依照本法规定办理。

第二百条　收养子女的条件

老挝公民收养子女应当满足以下条件：

（一）年满十八周岁且与所收养子女年龄相差十八周岁以上；

（二）为完全民事行为能力人；

（三）经济收入稳定；

（四）住所稳定；

（五）工作稳定；

（六）身体健康，无严重传染病，无吸毒行为；

（七）未因故意犯罪被法院判处有期徒刑，或者未被剥夺作为监护人的权利；

（八）通过县级委员会评估，且在可以收养子女的养父母名单中。

夫妻一方收养子女的，应当取得另一方的同意。

第二百零一条　养子女的条件

养子女应当满足以下条件：

（一）未成年；

（二）无人抚养、无法与原家庭共同生活或者无法返回原家庭；

（三）被收养人超过十周岁的，应当获得被收养人的书面同意，他人不得强迫其同意；

（四）获得养子女亲生父母、法定监护人或者法定监护机构的书面同意书，该同意书不受约束；

（五）通过相关负责机构的评估和协商，同意其符合作为养子女的条件。

第二百零二条　收养子女的方式

收养子女的申请和审查，由法律另行规定。

第二百零三条　收养子女登记

老挝公民收养子女，在养父母所在的县级司法行政部门依照家庭登记法的规定办理登记。

外国人收养老挝子女，在司法部负责家庭登记的部门依照家庭登记法的规定办理登记。

第二百零四条　知情人的保密义务

在未取得养父母同意或者在养父母已死亡的情形下，公开养子女信息的，将负刑事责任。

第二百零五条　成为养子女的法律效力

养子女与养父母的关系自登记设立之日起正式成立，养子女与亲生父母之间的关系自登记终止之日起终止。

养子女应当使用养父或者养母的姓氏。

养父母认为养子女继续使用旧名不合适的，有权为养子女变更姓名。养子女已满十八周岁的，变更其姓名应当获得其同意。

第二百零六条　养子女关系终止

养子女关系在法院认定收养无效或者取消其符合作为养子女的条件时终止。

收养人所提交的材料为伪造或者不具备作为养父母的条件，或者违反本法第二百条关于收养子女的规定的，收养无效。

养子女身份不符合未成年人利益的，可以撤回其作为养子女的决定。

亲生父母、养父母或者利益相关者及人民检察院有权请求撤销或解除收养。

第三节　外国人收养子女

第二百零七条　外国人、未取得老挝永久居留权的外国人作为养父母的条件

外国人、未取得老挝永久居留权的外国人请求收养老挝未成年人的，应当满足本法第二百条的规定，但关于该条第一项，外国养父母的年龄在申请收养时应当在三十周岁以上、五十周岁以下。

养父母为已加入老挝籍的外国人的，应当依照本法第二百条规定执行。

第二百零八条　成为养子女的条件

成为外国人、未取得老挝永久居留权的外国人养子女的老挝未成年人，应当满足本法第二百零一条的规定，但关于该条第一项，被收养人的年龄应不超过八周岁。

收养人为年满八周岁未成年人的近亲属或者兄弟姐妹的，可以依照特殊情形审查。

第二百零九条　在外国收养老挝子女

在外国的老挝人收养老挝子女的，应当向老挝驻当地大使馆、领事馆或者相关代表机构提出请求，并按照老挝法律法规办理。

养父母不是老挝人的，应当先取得老挝相关有权机构的批准。

居住在老挝或者国外的外国人、未取得老挝永久居留权的外国人或者无国籍人收养老挝子女并在老挝居住的，依照老挝法律规定执行。

第二百一十条　收养外国未成年人

老挝人收养外国子女的，在两国法律不冲突的情形下，依照被收养人所在国法律规定执行。

老挝人收养外国子女的，应当告知老挝大使馆或者领事馆。

第二百一十一条　外国人、未取得老挝永久居留权的外国人或者无国籍人收养老挝子女

外国人、未取得老挝永久居留权的外国人或者无国籍人收养老挝子女的，应当先向老挝司法部提出申请，由司法部依照程序规定与相关部门协商后，由总理府决定。

第二百一十二条　外国人、未取得老挝永久居留权的外国人或者无国籍人收养老挝子女的法律效力

外国人、未取得老挝永久居留权的外国人或者无国籍人收养老挝子女，具有与本法第二百零五条规定同等的效力。

第四节　继　子　女

第二百一十三条　继子女

继子女，是指再婚对象与前夫或者前妻所生的子女。

继子女享有与亲子女、养子女同等的权利。

第二百一十四条　继子女关系的终止

继子女关系在以下情形下终止：

（一）继父或母与亲生母或父离婚；

（二）继父或母与亲生母或父之间的婚姻无效。

第八章　亲子关系中的权利义务

第二百一十五条　父母保护子女权益的权利义务

父母在保护未成年子女的权利与利益方面享有同等权利，履行同等义务。父母作为未成年子女的法定代表人，有义务保护子女的合法权益。

第二百一十六条　父母教育子女的义务

父母负有把子女教育成为一个爱国、诚信、友善、积极向上的人的义务，并应当为子女努力创造受教育和工作的条件，使其为社会和国家做贡献。

第二百一十七条　父母抚养子女的义务

父母负有抚养未成年子女或者存在精神失常或者残疾情形的无行为能力成年子女的义务。

父母抚养子女的义务不因夫妻双方是否共同生活、离婚或者为无效婚姻而终止。抚养子女的一方，在子女未成年时，享有向另一方请求支付抚养费的权利。

子女一人抚养费的支付标准应依据义务方的实际工资水平进行计算，且不得低于国家公务员同期平均工资水平的二分之一。

支付抚养费存在困难的，可以向法院请求降低。

第二百一十八条　子女赡养父母的义务

子女负有赡养年迈、生病、丧失劳动能力的父母的义务。赡养的费用由子女与父母共同协商。协商不成的，由法院根据子女的经济收入裁决，赡养费按月支付。

父母存在超越父母权利、虐待、侮辱子女等过错的，子女可以向法院请求拒绝赡养父母。

第二百一十九条　父母、子女的财产

在当事人还健在时，子女对父母的财产无所有权，父母对子女的财产也无所有权。

父母对未成年子女的财产具有管理权利。

第二百二十条　剥夺作为父母及子女的权利

父母、子女、近亲属、人民检察院向法院请求剥夺作为父母或子女的权利，适用本条第二款的规定。

父母未尽到教育子女义务，超越父母权限行使权利，虐待、侮辱子女，或者子女忘恩负义、家暴或者威胁父母的，将被剥夺作为父母或者子女的权利。

被剥夺作为父母权利的父母，继续负有抚养子女至成年的义务。

第二百二十一条　亲权恢复

父母与子女和好后，法院可以根据当事人请求重新赋予当事人作为父母和子女的权利。

第九章　未成年人监护人的选任

第二百二十二条　指定未成年人的监护人的方法

未成年子女因父母死亡、父母被剥夺监护人权利、父母病重或者其他原因导致无人照料时，村长最迟应当在一个月内指定其亲属作为其监护人。

村长指定的亲属不愿担任监护人或者亲属与子女存在利害关系的，村长应当向法院申请，由法院为其指定监护人。

村长负有定期检查监护人行为的责任。

未成年人、无行为能力人、被剥夺监护权的人或者具有其他情形而不具备担任监护人资格的人，不得被指定为监护人。

第二百二十三条　未成年人监护人的权利义务

监护人具有抚养、教育子女，关心子女身体健康状况、学习情形并保护其权利和利益的义务。

监护人在签订合同或者其他活动中有代表被监护人的权利。

第二百二十四条　请求取消或者变更监护人

监护人具有不当行为或者无法适当履行监护人职责的，可以根据法院决定取消或者变更监护人资格。

第二百二十五条　未成年人监护终止

有下列情形之一的，未成年人监护终止：

（一）未成年人成年；

（二）监护人死亡；

（三）监护人丧失行为能力。

第二百二十六条　终止未成年人监护的条件及法律效力

终止未成年人监护的条件及法律效力，适用本法第七十九条、第八十三条、第八十四条的规定。

第四编　财产、所有权及其他对财产的权利

第一章　财　　产

第二百二十七条　财产

财产，是指物品及有价值之物，包括有形财产及无形财产。

有形财产包括不动产及动产。

无形财产，是指没有形状的财产，如请求权及版权、专利权、商标权在内的知识产权等。

第二百二十八条　不动产

不动产，是指无法移动的物，如土地及房屋、树木或者其他建筑物等地上永久附属物。

第二百二十九条　动产

动产，是指可以移动的物，如钟表、桌子、椅子、项链、戒指、动物等。

第二百三十条　孳息

孳息，是指依物的自然规律或者法律规定而取得的成果。

依照自然规律取得的孳息，是指种植成果、果实、动物幼崽、动物毛皮等依物的自然规律取得的成果。

依照法律规定取得的孳息，是指利息、分红、出租或者使用物品获得的收入。

第二百三十一条　主物与从物

主物，是指按照物之性质可以独立使用之物。

因主物之性质使用主物时，直接为主物服务之物，是谓从物，从物是主物的一部分，但是可以自主物分离。

除非另有约定，处分主物时，同时处分从物。

第二百三十二条　可分物与不可分物

可分物，是指一个整体能够被分割成若干部分，且这些部分在分割后仍然能够保持其原有的经济价值和独立使用价值的物品或财产，如大米、白糖等。

不可分物，是指分割物的部分后不能维持原来的效用及性质之物，或者使得原物受损、毁坏，或者在分割物的部分后导致其他不必要的高支出之物，如吉他和吉他弦等。如需分割不可分之物，应当折价分配，法律或者合同另有约定的除外。

第二百三十三条　种类物与特定物

种类物，是指具有同类外形、性质、品牌、种类、型号、容量、效用、形状及价值的物品，如手机、电脑等。

特定物，是指因特性、形状、颜色及不容易获得的特点而区别于其他物的物品，如图画、圣物、古董等。

合同或者法律行为的标的为种类物的，种类物存在瑕疵、毁损而导致无法执行合同或者履行法律行为时，可以同种类其他物代替。法律另有规定的除外。

第二百三十四条　组合物

组合物，是指以相互关联、相互联系的部分组成的完整之物，缺少部分或者物的部分不相互关联，将使得该物无法使用或者使得物之使用价值下降，如机器、起重机等。

在处分物品时，组合物之组成部分不可分割。

第二章　占　　有

第二百三十五条　占有

占有，是指持有或者管理财产。

占有的基本形式有：

（一）直接占有及间接占有；

（二）善意占有及恶意占有；

（三）有权占有及无权占有。

第二百三十六条　直接占有及间接占有

占有人将占有之物出租或者出借给他人的，原占有人成为间接占有人，出租人或者出借人成为直接占有人。

第二百三十七条　善意占有及恶意占有

善意占有，是指占有人不知道自己占有之物的所有权为他人所有，表现在对该物公开、和平或者持续的使用。

恶意占有，是指占有人知道或者应当知道自己占有之物的所有权为他人所有，表现在对该物不安定、不公开及不持续的使用。

第二百三十八条　有权占有及无权占有

有权占有，是指占有人的占有有法律依据。

法律依据包括：

（一）法律行为，如合同、遗嘱等；

（二）法律规定，如无主占有、拾得遗失物、管理失散的饲养家畜、发现有价值的物品；

（三）法律规定的其他情形。

无权占有，指除前款规定的有法律依据的占有之外的占有。

第二百三十九条　占有或者占有人的判定

占有人占有某物，通常认为占有人公开及和平地占有。

占有人对物的占有，有开始及结束二个时期，即通常认为是持续占有。

占有人占有某物，通常认为是有权占有，应当注册登记之物，登记人通常认为是占有人。

第二百四十条　应当获得特别许可的占有

某些种类的物品，如武器、有毒化学品、有价值的金属，只有获得相关部门的许可，才可占有。

第二百四十一条　无权占有物的孳息

善意无权占有人无须将来自占有的孳息返还给占有物所有权人。但是，孳息来自占有国家财产或者集体财产的，应当返还。

第二百四十二条　使无权占有之物保持原状或增值

善意占有人，对占有之物的损害或者毁损进行维护使之恢复原状的，有权自占有物所有权人处获得因维护所支出的开支。

善意占有人使占有物价值增加的，将价值增加部分与原物分割时不会使得原物受到损害或者毁损的，善意占有人有权取得价值增加部分。价值增加部分不能与原物分割的，善意占有人有权请求物的所有权人偿还自己为使占有物价值增加所支出的开支，但所请求的数额以实际支出为限，且不得超过增值部分的价值。

恶意占有人使得占有物价值增加的，价值增加部分归占有物的所有权人所有，且占有物所有权人无须补偿。

第二百四十三条　无权占有物的返还

善意占有人占有动产，动产所有权人请求返还的，善意占有人应当返还占有物。但是，动产所有权人应当补偿物之价值及各种支出给善意占有人。动产所有权人可以向无权交付动产给善意占有人的第三人请求补偿自己因请求返还动产所支出的费用。

善意占有人占有不动产，不动产所有权人请求返还的，善意占有人应当返还占有物，且不动产所有权人无须对善意占有人进行补偿。对于管理费或者使得不动产价值增加的支出，可以依照本法第二百四十二条第一款及第二款的规定请求返还。但是，善意占有人有权向无权交付不动产给自己的第三人请求补偿不动产之价值。

占有人基于赠与或者继受受领占有物的，不得请求补偿。

恶意占有人应当返还全部占有物给物的所有权人，恶意占有人可以要求无权交付占有物给自己的第三人赔偿损失。但是，无权向法院起诉。

第二百四十四条　无权占有人的责任

善意无权占有人对占有物的损害、毁损不负责任，如善意无权占有人因占有物的损害、毁损受有利益的，应当返还该利益给占有物所有权人。但是，占有物属于国家、集体的，对占有物的损害、毁损，善意占有人应当负补偿责任。

恶意无权占有人对因自身的过错造成的占有物的损害或者毁损，对占有物所有权人负全部损害赔偿责任，包括返还占有物的收益，比如返还对占有物的改良增值部分。

第二百四十五条　占有的变更

有下列情形之一的，占有发生变更：

（一）新的占有人实际占有原占有人的占有物；

（二）在下列情形下原占有人与新占有人达成一致意见的：

1. 物品已归新占有人先占；

2. 物品尚归原占有人占有；

3. 物品尚归第三人占有。但是，应当向新占有人告知。

第二百四十六条　占有保护

善意有权或者无权占有人，有权请求返还原物，有权请求停止对占有的妨害，有权请求消除以后发生或者可能发生的占有障碍。

上述占有人有权自侵占或者妨害发生之时起一年内向相关部门请求占有保护。

对以后可能发生的占有障碍，可以随时请求占有保护。

第二百四十七条　占有的消灭

本法第二百三十五条规定的占有，在下列情形下消灭：

（一）占有人放弃占有、停止持有或者管理占有物；

（二）他人进行侵占或者妨害时，占有人没有依照本法第二百四十六条第二款、第三款规定的时间请求返还被占有物；

（三）占有人意思表示因自己或者第三人之原因而占有；

（四）占有物灭失。

第二百四十八条　无体物占有

物的占有原则，可以适用于无体物的占有。

第三章　所　有　权

第二百四十九条　所有权

所有权，是指所有权人依法对自身的财产所享有的占有、使用、收益及处置的权利，所有权是完全及绝对的权利。

第二百五十条　所有权的权利

所有权包括以下权利：

（一）占有权；

（二）使用权；

（三）收益权；

（四）处分权。

第一节　占　有　权

第二百五十一条　所有权人的占有权

占有权，是指持有及管理的权利。

所有权人对所有物享有不受干涉的占有权。但是，该占有不得对国家、集体或者他人的合法权利造成损害或者影响。法律另有规定的，依照其规定。

第二百五十二条　占有权的取得

为了自身或者他人利益而正确持有或者管理物，持有或者管理物的人视为获得占有权。

第二百五十三条　非所有权人的占有权

非所有权人可以依照法律规定或者合同约定占有所有权不属自己的物。

第二节　使　用　权

第二百五十四条　使用权

使用权，是指所有权人或者非所有权人依照法律规定或者合同约定使用占有之物的权利。

第二百五十五条　所有权人的使用权

所有权人有权使用所有之物。但是，该使用不得对国家、集体或者他人的合法权利造成损害或者影响。法律另有规定的，依照其规定。

第二百五十六条　非所有权人的使用权

非所有权人有权依照法律规定或者合同的约定，使用所有权不属自己的物。

第三节　收　益　权

第二百五十七条　收益权

收益权，是指所有权人或者非所有权人依照法律规定或者合同约定，获得基于使用所有之物或占有之物，或者因物之本身所产生的收益。

第四节　处　分　权

第二百五十八条　处分权

处分权，是指所有权人对所有物有出售、置换、赠与、附条件赠与、转让、放弃或者消灭的权利。

第二百五十九条　处分权限制

只有在法律有规定的情形下，物的处分权才受限制。

所有权人以买卖的形式处置有历史文化价值的物品的，国家有优先购买权。

第二百六十条　非所有权人的处分权

非所有权人依照所有权人的许可或者依照法律规定，有权处置所有权不属自己的物。

第四章　所有权形式

第二百六十一条　所有权形式

所有权的形式包括：

（一）国家所有权；

（二）集体所有权；

（三）个人所有权；

（四）私有权。

第一节　国家所有权

第二百六十二条　国家所有权

国家是国家财产唯一的所有人。国家财产由国家机关进行管理。

国家机关对国家财产行使管理、使用、收益及处分权，可以依照法律规定，或在符合国家的计划、任务的情形下授予集体组织或者让个人租赁国家财产。

第二百六十三条　国有财产

国有财产包括：

（一）国家管理的属于社会基本物质、技术组成的部分，如机器、工厂，陆运、水运及航空运输工具，电信设施、邮政、银行、企业及其他国有资产；

（二）用于国家机关运行的财产，如楼房、车辆、桌椅、知识产权及其他。

土地、矿藏、水、空气、森林、野生动植物、水产、动物及其他属于国家的自然资源，由政府代表国家行使所有权，依照法律在全国范围内进行集中管理。

第二百六十四条　国家所有权的取得

取得国家所有权的方式包括：

（一）变更所有权为国家所有权；

（二）国家机关或者企业建设取得；

（三）税收；

（四）必要的购买；

（五）没收；

（六）无主取得；

（七）遗失物取得；

（八）发掘到有价物；

（九）无主畜取得；

（十）购买及交换；

（十一）赠与；

（十二）继承；

（十三）其他法定情形。

第二百六十五条　国有财产处置

处置国家机构的不动产，如企业、楼房、建筑、设备或者其他财产，由国家机关另行规定。

上述财产不允许授予所有权给他人，但按照规定出售的部分不动产除外。

第二百六十六条　出租流动资产及产品

国家机构按照物的特点及制定的计划，处置原料、设备、资金、其他流动财产及加工的产品。

个人无权为了自己的利益而使用国有财产。

第二百六十七条　国有财产不被冻结或者没收

除金融产品及法律规定的其他财产外，属国家机构的动产，如企业、楼房、建筑、设备及其他财产不被冻结或者没收。

本条第一款的规定，适用于位于外国的国家财产。

向无权占有国有财产的人请求返还国有财产，不受民事诉讼时效的限制，可以随时进行。

第二节　集体所有权

第二百六十八条　集体所有权

集体所有权财产包括生产工具及用于开展工作的其他财产，如机器、运输工具、卡车、拖拉机、家畜、楼房、建筑、企业、休息室、固定资产、流动资产及其他财产。

集体所有权分为合作社所有权及其他集体组织所有权。

第二百六十九条　合作社或者其他集体组织所有权的内容

合作社或者其他集体组织对所有权属于自己的财产有占有、使用、收益及处置的权利，上述权利的行使应当符合法律规定及集体组织制度。

财产处分权归属合作社或者其他集体组织的，合作社或者其他集体组织独立行使处置自己财产的权利，其他人无权处置。

第二百七十条　合作社或者其他集体组织所有权的取得

合作社或者其他集体组织所有权以下列方式取得：

（一）组织成员的出资；

（二）生产及服务；

（三）购买及交换；

（四）政府、机构、个人及其他主体在实物或者资金方面的援助。

第二百七十一条　合作社或者其他集体组织的土地使用

合作社或者其他集体组织应当正确使用自己管理的土地，如使用土地没有成效，合作社或者其他集体组织应当按照农业用地管理规定被处以罚款，政府也可以不给予任何补偿收回土地，并授予其他经济组织使用。

第三节　个人所有权

第二百七十二条　个人所有权

个人所有权，是指个人如农业劳动者、手工业劳动者、技术劳动者及其他主体对生产工具、产品及商品享有的所有权。

第二百七十三条　个人所有权人的权利及义务

个人所有权人有权依照法律规定，自由从事生产、服务及销售自己的产品。

个人所有权人应当执行政府的经济及其他政策，履行法定义务。

第四节　私　有　权

第二百七十四条　私有权

私有权包括私有经济组织所有权及私有所有权。

私有权，是指经济组织所有人用于开展经营活动的属于私人所有的生产工具、产品、商品及资金。

第二百七十五条　私有经济组织的权利及义务

私有经济组织有权开展经济活动，如生产、建设、运输、交易、服务，为了从外国订购原料、设备等而签署合同及使用货币，依照法律规定自由地销售自己的产品，以及和国内、国外开展商业合作活动。

上述经济组织在开展经营活动时应当守法，严格执行政府的经济及其他政策，严格履行关税、税收义务，按照会计法的规定建立会计制度及在企业经营许可范围内经营。

私有经济组织是自己经济活动的管理者，自己处理经济运营中的问题，对自己的收入、支出、利润或者亏损负责。

第二百七十六条　私有经济组织的处罚措施

私有经济组织开展经济活动超出章程规定的经营范围，或者违反法律规定，不依照法律规定建立会计制度，不按时缴纳手续费，涂改或者让其他人借用或者租赁自己的营业执照的，对私有经济组织所有人按照相关法律规定予以处罚。

第二百七十七条　私有所有权

私有所有权指对日常用品、私有物、提供方便之物、房屋、房屋用品、家畜及各种收入的所有权。

第二百七十八条　私人所有权的内容

所有权人有权占有、使用、收益及处置自身的财产及收入。但是，行使权利不得侵害政府、集体、组织及他人的合法权益。

第二百七十九条　合作社或者其他集体组织成员的私人所有权

合作社或者其他集体组织成员的私人所有权，是指合作社成员的私人劳动所得，以及成员自己获得、继承或者被授予的财产，且成员没有将上述财产的所有权授予合作社或者其他集体组织。

合作社或者其他集体组织所有的财产，不能成为合作社或者其他集体组织成员私人所有的财产。

第五章 共有所有权

第二百八十条 共有所有权

共有所有权，是指财产所有权人有两人以上的所有权，共有所有权依照所有权人的意思及法律规定取得。

共有所有权分为：

（一）按份共有；

（二）共同共有。

第二百八十一条 按份共有

按份共有，是指可以区分共有人各自份额的共有所有权。

第二百八十二条 共同共有

共同共有，是指财产的所有权份额无法区分的共有。共同共有人持有的共有权份额相等。

共同共有分为：

（一）不可以分割的共有；

（二）可以分割的共有。

第二百八十三条 群体共有所有权

群体共有所有权，是指群体对财产不按份额享有的共有所有权，如村集体所有权、联合村集体所有权、联合生产组织集体所有权。

群体共有所有权的取得方式为依照风俗习惯取得，或者因成员的出资、捐赠或者个人、法人或者组织的授予取得，或者通过其他合法来源取得。

群体的成员有权按照风俗习惯、共同意思表示或者法律规定占有、使用群体所有财产，对群体所有财产的产出享有收益权。

群体组织在符合法律规定的基础上，共同决定对群体所有财产行使处分权。

第二百八十四条　共有人的占有权

共有人有权共同占有共有财产，也可以授权其中某位共有权人行使占有权。但是，该授权不可与其他共有权人的利益相违背。

第二百八十五条　共有权人的使用权

任何共有权人可以按份对共有财产享有使用权。但是，不得与其他共有权人的利益相违背。

第二百八十六条　共有权人的收益权

共有权人对共有财产或者使用共有财产的产出享有收益权。

任何共有权人可以按份享有收益权。

第二百八十七条　共有权人的处置权

共有人有权处分自己的共有份额。但是，对外处置共有所有权的，应当经其他共有人同意。

共有人出售其共有份额的，其他共有人有优先购买权。共有人出售不动产的，应当在三个月内通知其他共有人，出售动产的，应当在一个月内通知其他共有人。其他共有人不购买的，出售人可以出售属自有份额的共有所有权给他人。

违反本条第二款规定的，其他共有人有权自知晓之日起三个月内向法院起诉，请求撤销份额转让。造成损失的，违反人应当对受有损失的共有人负赔偿责任。

共有人放弃属自己份额的共有所有权的，或者共有人死亡后没有继承人的，该份额归其他共有人共同所有。

第二百八十八条　共有财产的管理、维护及保护

共有人有义务共同管理、养护及保护共有财产。

在未获其他共有人同意的情形下，任一共有人可以对共有财产进行日常的价值不高的修缮、养护及保护。对共有财产进行高价值的修缮、养护及保护的，必须经全体共有人半数以上同意。

在紧急情形下，任一共有人可以在未获其他共有人同意的情形下，采取适当的必要措施以维护共有财产。但是，在完成必要措施后应当告知其他共有人。

共有财产的管理、养护及保护费用，由共有人依照所占份额共同承担。

第二百八十九条　对收益继受人的效力

共有人对共有财产的管理、使用、收益及处置的决定，对获共有财产收益的人同样有效。

第二百九十条　共有权的分配

共有人可以随时请求分配共有财产，共有人另有约定或者法律另有规定的，依照其规定。

分配共有财产时共有财产不能分割的，以财产所评估的价值进行分配。

第二百九十一条　共有权消灭

具有下列情形之一的，共有财产权消灭：

（一）共有财产经分配；

（二）全体共有人对共有财产进行处置，处置后财产所有权归个人所有；

（三）本法第三百一十五条和第三百一十九条规定的其他情形。

第六章　所有权的取得

第二百九十二条　所有权的取得

所有权自物合法交付或者受领时取得。

所有权也可以依照合同约定，在交付物前取得。

应当登记之物的所有权自办理登记时取得，无论该物是否已经交付。

第二百九十三条　所有权取得的方式

获得所有权的方式有：

（一）合同；

（二）继承；

（三）无主物取得；

（四）拾得遗失物；

（五）获得无主畜；

（六）发掘到有价物；

（七）添附；

（八）时效；

（九）其他法定情形。

第二百九十四条　物的交付

物的交付，是指将物交予个人或者组织，该个人或者组织统称为接收人。

经运输人或者邮政交付物给接收人的，认为是已经交付物给接收人。

第二百九十五条　交付所有权给物之占有人

原所有权人同意将占有人先占之物的所有权授予占有人的，认为已经对物进行交付。

第二百九十六条　交付所有权人占有之物

原所有权人同意转移物的所有权给新所有权人，即使该物仍归原所有权人占有，也可以认为已经对物进行交付。但是，原所有权人仍有义务对物尽维护责任，不让物受到损害及毁坏，直到新所有权人对物进行接收。

第二百九十七条　交付第三人占有的财产

原所有权人同意转移物的所有权给新所有权人，即使该物为第三人占有，也可以认为已经对物进行交付。但是，原所有权人应当向占有该物的第三人告知转移所有权事宜。

第二百九十八条　孳息所有权的取得

物产生的孳息，归物之所有权人所有。但是，法律或者合同另有规定的除外。

第二百九十九条　因继承取得所有权

自被继承人死亡时起，继承人对因法定继承或者遗嘱继承所继承的财产获得所有权或者共有所有权。

各共同继承人，自接收属于自己份额的遗产时起，获得该份额遗产所有权。

第三百条　无主物取得

无主物，是指所有权人公开放弃所有权的物。

他人以利己的意思占有无主物的，即获得该物的所有权。

第三百零一条　拾得遗失物

遗失物，是指物的所有人遗失之物。

遗失物拾得人，有义务及时告知遗失人。知晓遗失人的，遗失物拾得人应当将遗失物归还给遗失人，或者向公安、村长报告及交付遗失物。在单位管理范围内拾得遗失物的，则遗失物交由该单位管理，以便公告通知物的所有人前来领取。

不知晓物的所有人的，遗失物拾得人有义务向公安、村长或者单位报告及将遗失物交付其管理，以便公告通知物的所有人前来领取遗失物。

管理遗失物有困难或者遗失物可能会质量受损、受有损害等，公安、村长或者单位在公告以后可以出售遗失物。但是，应当为物的所有人管理出售遗失物的价金。

所有人在通告后三个月内前来领取遗失物的，则归还遗失物给所有人。

所有人未在三个月内前来领取遗失物的，遗失物所有权归遗失物拾得人所有。遗失物拾得人不愿意接收遗失物的，该遗失物归国家所有。

遗失物拾得人不报告遗失物之事的，遗失物所有权不归遗失物拾得人所有。

第三百零二条　遗失物拾得的开支补偿及奖励

遗失物拾得人有权自物的所有人处，获得不超过遗失物价值百分之十五的奖励。

除有理由外，遗失物拾得人不在合适的时间报告遗失物之事的，将不获得奖励。

遗失物拾得人及单位因管理遗失物有实际开支的，有权自遗失物所有人处获得补偿。

第三百零三条　拾得走失的家畜

拾得走失或者逃逸的家畜，知晓失主的，拾得人应当及时通知失主并归还家畜。不知晓失主的，应当自拾得遗失物之日起三日内向公安或者村长报告，以便公告找寻失主。

失主不来找寻家畜的，则家畜可以交予拾得人管理、饲养及使用，自公告之日起三个月内，找到失主的，则家畜归还失主。但是，失主应当补偿饲养开支给拾得人，以及依照本法第三百零二条的规定给予拾得人奖励。

拾得人管理或者喂养家畜有困难的，或者家畜开始出现疫病情形的，在向公安或者村长报告并获得同意后，拾得人可以将家畜出售，并代失主管理出售家畜获得的价金。

三个月内无失主来认领家畜的，则家畜所有权归拾得人所有。

第三百零四条　遗失物所有权取得

除具有文化、历史或者自然价值的属国家所有的文物外，埋藏地下、水下或者以某种方式隐藏的金、银、有价金属、有价矿物及其他物质，不能判定为何人所有的，其所有权为国家所有。

无论在何处发现遗失物，发现人有义务及时向村长或者公安报告并将遗失物交付村长或者公安，以便公告找寻失主，转移遗失物有困难的，遗失物也可以交由发现人管理。

自公告之日起三个月内，失主来领取遗失物的，则应当归还遗失物予失主。

自公告之日起，失主在上述时间内不来领取遗失物的，遗失物所有权归发现人所有，发现人不接收的，遗失物所有权归国家所有。

发现人与发现地所有权人非同一人的，失主不在上述规定时间来领取遗失物的，发现人与发现地所有权人对遗失物各享二分之一所有权。

发现人不报告发现遗失物之事的，遗失物所有权不归发现人所有。

第三百零五条　发现有价物的奖励及支出补偿

有价物发现人有权自失主或者政府相关机构处，获得不超过有价物价值百分之十五的奖励。但是，发掘有价物为发现人本职工作的除外。

除有正当理由外，发现人未在合适的时间报告发现有价物之事的，发现人将不获得奖励。

发现人及单位因管理发现物有开支的，有权获得失主的补偿。

第三百零六条　添附取得所有权

添附，是指将两种或者多种物附合、混合或者加工成为一种新物。

在下列情形下，因添附取得所有权：

（一）动产与不动产附合；

（二）不动产与不动产附合；

（三）动产与动产附合；

（四）动产与动产混合；

（五）加工。

第三百零七条　动产与不动产附合

动产与不动产附合，是指将动产与不动产附合成为一个不可分割的合成物，不动产所有权人取得合成物所有权。法律或者合同另有规定的除外。

第三百零八条　不动产与不动产附合

不动产与不动产附合，是指将某不动产与其他不动产附合成为不可分割的整体。

不动产与不动产附合物的所有权，由各不动产所有人依照属自身不动产的份额，或者依照属自身不动产的价值，按份共同所有，当事人另有约定的除外。

无法区分各自份额的，由各不动产所有人平均所有。

第三百零九条　动产与动产附合

动产与动产附合，是指将动产与其他动产附合成为不可分割的整体。

动产与动产附合物的所有权，原则上由动产原所有人依照动产附合时属自己份额的动产价值，共有附合物所有权。

动产附合，可以区分主物的，则主物原所有人单独取得附合物所有权，当事人另有约定的除外。

第三百一十条　动产与动产混合

动产混合，是指以动产与其他动产混合，成为不可分割的新物。

动产混合物的所有权，适用本法第三百零九条的规定。

第三百一十一条　加工

加工，是指以一物或者多物加工成为新物。加工物所有权，归被加工物所有人所有。

加工费高于被加工物价值的，加工人取得加工物所有权，当事人另有约定的除外。

加工人以已之物添附于加工物，且加工费用与加工人用于添附之物的价值相加，高于被加工原物价值的，加工物所有权归加工人所有。

第三百一十二条　第三人权利消灭

依照本法第三百零七条至第三百一十一条的规定，所有权人对财产的所有权消灭的，第三人对该财产的其他权利也一同消灭。所有权人对财产有共有权的，第三人依照该所有权人共有权的份额，对财产继续享有权利。某共有所有权人单独获得共有财产所有权的，第三人的权利亦及于该共有财产整体。

第三百一十三条　物之价值补偿

依照本法第三百零七条至第三百一十一条的规定，所有权人丧失其所有权的，有权向获得所有权的人请求补偿原物之价值。

第三百一十四条　时效取得

占有人善意占有他人之物，依照本法第五十一条规定的时效而取得该物所有权的，原所有权人丧失所有权。

第七章　所有权消灭

第三百一十五条　所有权消灭

具有以下情形之一的，所有权消灭：

（一）所有权人对财产进行了完全处分；

（二）他人因时效取得所有权；

（三）财产被没收用于拍卖或者被收归国有；

（四）财产毁损或者遗失。

第三百一十六条　财产处置

财产所有人以出售、交换、赠与、附条件赠与、放弃、毁灭及其他方式处置财产的，其所有权消灭。

第三百一十七条　时效取得

他人因时效取得所有权的，原所有权人的所有权消灭。

第三百一十八条　财产被没收以用于拍卖或者财产被没收归于国有

财产被没收以用于拍卖或者依照法院裁决没收财产为国有的，

原所有权人的所有权消灭。

第三百一十九条　财产被毁灭或者遗失

因火灾、水灾、闪电、地震等原因，财产被毁坏或者遗失的，所有权人的所有权消灭。

第八章　所有权行使的范围

第三百二十条　所有权行使的范围

行使所有权，是指所有权人依照日常生活需要或者利益需求使用所有物。但是，行使所有权不得损害或者违背国家、社会或者他人的权益。

行使土地使用权，即使用土地有用的地上、地面和地下范围，法律另有规定的，依照其规定。

第三百二十一条　必要情形下所有权人的义务

必要情形下，所有权人无权阻止他人使用或者损害属自身之物，以便防止或者减少发生的或者即将发生的危险。

第三百二十二条　保护环境

所有权人行使权利时，应当保证不对环境产生影响，不得产生危害他人健康、生命或者财产安全或者对社会安定造成影响的污染物、有害化学品、放射性物质、震动、光线、声音及气味。

对环境产生破坏的，损害人应当及时停止损害行为并对自身所造成的损失负责。

第三百二十三条　地界划分

相邻土地地界划分，以相邻土地所有权人的约定为准，同时应获得相关自然资源环境部门的证明。

相邻地树立界桩的费用，由各相邻人平均承担，或者依照各相邻人的约定承担。

第三百二十四条　界篱

土地所有人可以对自己所有的土地围篱。但是，不得妨害交通、占用邻地及占用法定公路保护区。

土地已经有了用作通行的道路的，土地所有人应当留出合适的道路或者另行改道后才可以砌界篱，界篱应当在所有的土地范围内。

第三百二十五条　邻地交界处物之共有权

邻地交界处的篱笆、围墙、水沟、树木可以认为属相邻地各所有人共有，适用本法关于共有权的原则性规定，但可以认定为其他情形的除外。

第三百二十六条　建造房屋或者栽种树木的范围

房屋或者其他建筑的建造人，不得使雨水或者废水泻入相邻土地，房屋边缘不得伸展占用相邻的土地或者房屋。

栽种果树、藤蔓植物或者其他类树木不得影响相邻房屋或者造成损害，不得阻碍通行。

第三百二十七条　因不正确行使所有权而受损害人的权利

本法第三百二十六条规定的受损害人，在通知另一方所有权人七日后，对方仍不作为的，受损害人可以剪除延伸至自身土地的枝叶、藤蔓或者根茎，也可以依照本法第三百三十六条的规定维护自身权益。

除此之外，受损害人还可以请求损害赔偿。

第三百二十八条　通道权、铺设电线权

房屋被他人有使用权的房屋或者土地围绕限制，致使无法通行至公共道路的，被限制通行的房屋所有人有权向离公共道路最近的土地使用权人请求通行，被请求人应当准许该通行。但是，有权向请求人请求赔偿因土地通行所造成的果树或者建筑的实际损失。

因铺设电线、电话线，挖掘水沟或者铺设水管、自来水管而使用他人有使用权的土地，致使树木或者其他类土地出产物被破坏或者造成损失的，有权使用土地的人可以请求因上述行为造成的损害赔偿，但是，其因上述行为同时获有利益的，不得再请求赔偿损失。

第三百二十九条　排水权

在必要情形下土地应当排水的，有权请求在下游或者相邻他人土地上开挖排水沟，被请求人应当准许。但是，被请求人有权向请求人请求赔偿因开挖排水沟所造成的种植物或者建筑的损失。请求人应当保持排水沟的整洁及状态良好。

第三百三十条　房屋、建筑物间距

建造楼房、房屋应当与相邻土地边界保持间距，间距应当至少五十厘米。法律另有规定的，依照其规定。

建筑间距不符合上述规定的，相邻土地所有人有权请求停止建造及拆除建筑物。

建造活动已经超过一年或者已经完成建造的，相邻土地所有权人只能请求损害赔偿。

第三百三十一条　请求使用相邻土地

土地所有权人因必要的建设、维修，或者修缮房屋、楼房、篱笆、围墙或者其他建筑物的，可以请求使用相邻土地。

因使用土地造成损失的，应当恢复原状或者赔偿损失。

第三百三十二条　打井、挖掘泳池

土地所有权人可以在自身土地上打井、挖掘泳池。但是，与相邻土地边界的间距应当保持两米以上，同时应当保证土地不会塌陷，不会对相邻土地产生影响。

挖掘行为对他人的财产造成损失的，应当及时停止挖掘，同时恢复原状或者赔偿自身所造成的损失。

第九章　所有权保护

第三百三十三条　所有权保护

所有权保护，是指为了恢复所有权人的权益，对侵犯他人所有权的人采取法定措施的行为。

第三百三十四条　请求返还财产

所有权人有权向非法占有其财产的人请求返还财产。

向占有其财产的人请求孳息、支出的费用、损害赔偿的，依照本法第二百四十一条至第二百四十四条的规定办理。

第三百三十五条　请求所有权确认

物的所有权遭受他人异议的，即使物的占有权尚未被侵犯，所有权人亦有权向法院提起确认所有权之诉。

第三百三十六条　请求停止妨碍

物的占有权、使用权、收益权或者处分权遭受妨碍的，所有权人有权请求妨碍人停止或者排除妨碍。

向妨碍人请求孳息、支出的费用、损害赔偿的，适用本法第二百四十一条至第二百四十四条的规定。

第三百三十七条　对妨碍所有权的保护

他人的物存在可能侵害或者妨碍自身所有权的危险时，所有权人有权请求妨碍物所有人及时采取合适的预防措施。

第三百三十八条　因用水请求损害赔偿

因他人对溪水、池塘水或者堰水进行分流导致水淹，或者因填埋、截留导致水断流，致使农作物或者秧苗遭受损失或者不能正常使用水的，土地所有权人有权请求停止上述用水行为，同时向相关人请求损害赔偿。

第十章　地　役　权

第三百三十九条　地役权

地役权，是指因自然规律或者依照法律、合同或者其他法律行为使用他人土地的权利。

因自然规律或者法律规定而产生的地役权，规定于本法第三百二十八条、第三百二十九条及其他法律中。

第三百四十条　因合同或者其他法律行为而产生的地役权

因合同或者其他法律行为而产生的地役权，是指依照合同或者其他法律行为规定，为增益自身土地而使用他人土地的权利。

可以增益他人土地的土地，称为供役地，该土地所有权人，称为供役地所有权人。

从供役地获益的土地，称为需役地，占有该土地的人，称为需役地占有人。

第三百四十一条　因合同或者其他法律行为而产生的地役权的取得

因合同或者其他法律行为而产生的地役权，自依照法律规定登记时取得。

行为人的行为具持续性且被他人认可的，地役权可以经本法第五十一条规定的时效取得。

土地共有权当中，一人取得因合同或者其他法律行为而产生的地役权的，其他土地共有权人亦获得地役权。

因合同或者其他法律行为而产生的地役权的登记，适用土地使用状况登记的有关规定。

第三百四十二条　地役权和需役地使用权

因合同或者其他法律行为而产生的地役权及需役地的使用权不可以分割存在，转让需役地的，因合同或者其他法律行为而产生的地役权亦同时转让，合同或者其他法律行为另有规定的除外。

第三百四十三条　对因合同或者其他法律行为而产生的地役权的行使

需役地所有权人可以依照法律行为的规定行使地役权。但是，不得损害或者违背国家、社会或者他人的权益。

第三百四十四条　供役地所有权人的义务

供役地所有权人应当依照法律、合同或者其他法律行为的规定，保证需役地占有人从供役地获得充分的利益。

第三百四十五条　需役地占有人的义务

需役地占有人应当按照合同或者其他法律行为的规定，支付通过供役地获得的利益的对价，以及履行法律规定的其他义务。

第三百四十六条　地役权的保护

依照本法第三百三十六条及第三百三十七条的规定行使地役权，需役地占有人可以依照法律规定采取措施以便在合理范围内维护自身的合法权益。

第三百四十七条　地役权的终止

因合同或者其他法律行为而产生的地役权在下列情形下终止：

（一）合同或者其他法律行为规定的存续期限届满；

（二）合同或者其他法律行为没有规定存续期限的，达到二十年期间；

（三）供役地或者需役地灭失；

（四）没有行使地役权连续达十年。

第三百四十八条　地役权的注销

在因合同或者其他法律行为而产生的地役权消灭后，供役地所有权人应当按照规定申请地役权注销登记。

第三百四十九条　地役权注销的法律后果

在因合同或者其他法律行为而产生的地役权消灭后，需役地所有权人有责任将土地恢复原状，合同或者其他法律行为另有规定的除外。

第十一章　地　上　权

第三百五十条　地上权

地上权，是指按照合同约定或者其他法律行为的规定，在土地使用权限内，在他人土地上建造建筑物、种植树木及其他物种，以便自身获益的权利。

使用土地获得的利益归使用土地的地上权人所有。

第三百五十一条　地上权的使用范围

地上权的使用范围包括可以划定大小、界线及体积的地面、地下及地上空间。

地上权的使用范围，被他人租赁、占有或者居住的，应当获得租赁人、占有人及居住人的同意才可以设定地上权。

第三百五十二条　地上权的取得

地上权自依照法律规定登记时取得。

以地上权人身份行使地上权的，可依照本法第五十一条规定的时效获得地上权。

地上权登记，适用土地使用状况登记的有关规定。

第三百五十三条　地上权的使用

地上权人依照合同或者其他法律行为的规定行使地上权。但是不得损害或者违背国家、社会或者他人的权益。

第三百五十四条　地上权设定人的义务

地上权设定人应当按照合同或者其他法律行为的规定，保证地上权人能够充分使用地上权。

第三百五十五条　地上权人的义务

地上权人有义务按照合同或者其他法律行为的规定，支付土地使用费，履行法律规定的其他义务。

第三百五十六条　地上权保护

地上权人可以依照法律规定采取措施，保护依照本法第三百三十六条至第三百三十八条享有的合法权益。

第三百五十七条　地上权转让

地上权人可以转让地上权给他人。

第三百五十八条　地上权继承

地上权可以继承，合同或者其他法律行为另有规定的除外。

第三百五十九条　地上权消灭

地上权在下列情形下消灭：

（一）合同或者其他法律行为规定的存续期限届满；

（二）合同或者其他法律行为没有规定存续期限的，土地使用权人可提前一年通知土地所有权人放弃地上权，或者以再支付一年地上权使用费的方式放弃地上权；

（三）合同或者其他法律行为没有规定存续期限的，达到二十年或者三十年地上权使用期间，具体时间根据地上权使用范围的具体情形、种类及地上权使用条件确定。

第三百六十条　注销地上权登记

地上权消灭后，地上权人应当申请按照规定注销地上权登记。

第三百六十一条　地上权注销的后果

地上权注销后，地上权人有义务将土地恢复原状，合同或者其他法律行为另有规定的除外。

第五编　合　　同

第一章　一般规定

第三百六十二条　合同关系

合同关系，是指合同当事人基于合同产生民事权利义务的法律关系。

第三百六十三条　合同关系的原则

合同关系的原则适用本法第八条的规定。

第二章　合同的订立

第三百六十四条　合同

合同是合同当事人之间设立、变更、终止民事权利义务关系的合意。

合同可以在以下主体之间订立：

（一）国家机关与国家机关，或者集体组织与集体组织；

（二）国家机关或者集体组织与其他法人主体或者自然人；

（三）法人与法人，或者自然人与自然人；

（四）法人与自然人。

第三百六十五条　合同的特征

合同包括单务合同和双务合同。

单务合同，是合同一方承担义务，另一方不承担义务的合同。

双务合同，是合同各方当事人相互之间负有义务的合同。

第三百六十六条　合同条件

合同应当满足本法第十七条规定的法律行为条件。

合同应当具有合法目的。

第三百六十七条　当事人自愿

合同应当满足本法第十九条规定的自愿条件。

第三百六十八条　合同动机

合同动机是促使合同当事人订立合同权利义务的事由。

合同动机应当真实、合法。

第三百六十九条　合同形式

合同应符合本法第二十一条规定的形式。

书面合同可以通过合同当事人或者代理人手书、打印、印刷的方式签订，写明签订的年月日，由合同当事人或者代理人签名，或者由当事人捺印。

订立书面合同，可以由见证人或者村长见证。

合同当事人可以通过公证方式保障书面合同真实、合法。

第三百七十条　合同内容

合同的主要内容包括：

（一）合同订立的日期、时间、地点；

（二）合同当事人的名称和住址；

（三）合同目的、价格、履行期限、结算和受领方式；

（四）标的物范围、数量、质量；

（五）合同履行地点和通知义务；

（六）违约责任；

（七）争议解决方式；

（八）合同履行期限届满前的变更或者终止条件。

第三百七十一条　要约和承诺

口头要约合同中，要约人未指定受要约人承诺期限的，无论受要约人收到要约时在何时、何地，都可以进行承诺，受要约人承诺时合同即成立。

书面要约合同中，要约人未指定受要约人承诺期限的，受要约人可以在收到要约之日起十五日内承诺。要约人在上述期限内不得撤回要约。

要约人指定承诺期限的，受要约人在规定的时间内承诺，合同即成立，要约人无权撤回要约。

受要约人在指定期限内承诺，或者出现本条第二款情形但承诺晚于指定期限到达要约人，要约人接受该承诺的，合同即成立。

受要约人的承诺对要约的内容作出增加、减少或者变更，要约人接受的，合同按照受要约人承诺的内容成立。

第三百七十二条　悬赏广告

以书面或者口头广告、通知或者其他合法方式承诺对完成一定行为支付报酬的，完成指定行为的人有权要求其履行支付承诺报酬的义务。

支付报酬的承诺未指定期限的，有权在他人完成指定行为之前撤回承诺。

支付报酬的承诺指定期限的，不得在期限届满前撤回承诺。

第三百七十三条　有奖竞赛

有奖竞赛是组委会或者举办方通过广告、通知或者其他合法方式承诺给予体育竞赛或者其他活动竞赛获胜者以奖励的行为。

有奖竞赛应当指定期限，在指定期限届满前不得撤回。

第三百七十四条　合同的解释

合同当事人对合同内容有争议的，当事人或者法院按照合同目的，或者不违反法律的习惯进行解释。

第三百七十五条　合同的效力

经协商一致的合同内容对合同当事人产生约束力。

合同应当符合法律规定，遵守公平原则和交易习惯。

第三章　无效合同

第三百七十六条　无效合同

无效合同是不符合合同生效条件的合同。

无效合同包括相对无效合同、绝对无效合同以及全部无效合同、部分无效合同。

绝对无效合同的认定，适用本法第二十六条的规定。

相对无效合同的撤销，适用本法第二十七条的规定。

第三百七十七条　无效合同的法律后果

无效合同的法律后果包括：

（一）无效合同的法律后果，适用本法第二十八条的规定；

（二）显失公平的合同，双方应当返还因合同获得的财产。

第四章　合同履行

第三百七十八条　合同履行

合同当事人应当按照合同约定或者法律规定的期限、地点，诚信、全面地履行合同。

合同当事人不得拒绝履行合同或者单方变更合同，法律另有规定的情形除外。

合同当事人有权拒绝接受未按照合同约定或者法律规定全面、正确履行合同的行为，合同另有约定或者法律另有规定的除外。

第三百七十九条　合同的补充

合同当事人对标的物质量没有约定或者约定不明的，当事人应当按照关于标准质量的法律以及其他有关法律法规，或者按照符合合同目的和习惯的标准履行。

当事人对标的物价格或者报酬没有约定或者约定不明的，按照履行合同时履行地的市场价或者政府指导价履行。

第三百八十条　合同履行期限

合同应当依照约定和法律规定的时间履行。

合同没有约定履行期限的，权利人或者义务人可以随时要求履行合同。权利人要求义务人履行义务的，义务人应当在收到权利人要求履行通知之日起十五日内履行。

义务人未违反合同约定或者法律的规定，经权利人同意，可以提前履行义务。

第三百八十一条　合同履行地

合同应当在约定或者法律规定的地点履行。合同未约定的，按照以下方式履行：

（一）交付建筑物的，在建筑物所在地履行。

（二）履行货币债务的，合同履行地为合同订立时债权人所在地；债务人为政府机构、集体或者社会组织的除外。合同履行期间债权人变更地址，并通知债务人的，合同履行地为债权人新的住所地，履行义务时增加的费用由债权人承担。

（三）其他类合同义务的履行地为合同订立时债务人所在地。债务人为法人的，在法人经营场所地履行。

第三百八十二条　债务清偿

债务清偿可以按照约定或者债权人的同意，采取现金、转账、支票、实物或者劳务方式。

债权人要求清偿债务的，可以先发出清偿通知。

清偿债务的，债权人应当主动或按照债务人的要求及时出具收据或其他凭证，出具收据或其他凭证应及时或自清偿之日起不超过十五日。

采用支票清偿债务的，清偿日为支票实际承兑之日。转账清偿的，转账款项进入债权人账户之日为清偿之日。通过邮寄方式清偿的，债务人将货币或者实物交付邮局之日为清偿之日。

第三百八十三条　债务清偿顺序

债务清偿顺序按照当事人的约定进行。

对债务清偿顺序发生争议的，按照以下顺序进行清偿：

（一）因清偿发生的费用；

（二）违约金或者利息；

(三) 债权或者本金。

第三百八十四条　债务或者义务免除

债务或者义务的免除，是指债权人作出不需要债务人履行义务或者偿还债务的意思表示。

债务或者义务免除的意思表示应当采用书面形式。

第三百八十五条　债务或者义务抵销

债务或者义务的抵销，是指抵销合同当事人互负的债务或者义务。但是，法律另有规定的，依照其规定。

债务或者义务抵销的意思表示应当采用书面形式。

第三百八十六条　合同履行不能的通知

合同履行过程中，出现合同一方当事人不能履行合同的情形时，不能履行合同的当事人应当在合同履行期限终止前将该情形及时通知合同相对方。

履行不能的情形不免除合同当事人的责任。该情形消失时，合同当事人应当继续履行合同。

第三百八十七条　合同的中止

合同一方当事人出现以下情形时，另一方当事人认为继续履行合同会对自身造成损害的，经通知对方可以中止履行合同：

(一) 法院受理破产申请；

(二) 丧失商业信用，不能继续履行合同；

(三) 出现不能继续履行合同的情形。

合同一方当事人未出现上述情形，另一方当事人要求中止履行合同的，所造成的损失，该另一方当事人应当承担赔偿责任。

被通知中止履行的一方，能够证明或者提供相应担保以保证合同履行能力的，双方应当继续履行合同。被通知中止履行的一方未能证明或者不能提供担保的，通知方当事人可以解除合同。合同解除后，通知方当事人已履行的义务，被通知方当事人应给予补偿。

合同中止通知适用于所有形式的合同。但是，单务合同除外。

第五章　合同履行的担保

第三百八十八条　担保合同履行的措施

合同当事人可以采取定金、违约金、质押、抵押、保证等方式担保履行合同。

质押、抵押、保证适用本法第七编的规定。

第三百八十九条　定金

定金是合同当事人约定一方提供一定数额的货币保证订立合同和履行合同。

提供定金一方违反约定的，无权要求返还定金，合同当事人另有约定的，从其约定。

接受定金一方违反约定的，应当返还定金，并承担与定金相当的违约金。合同当事人另有约定的，从其约定。

第三百九十条　违约金

违约金是违约方承担责任的方式。

合同当事人可以在不违反法律法规规定的范围内约定违约金。

第六章　合同不全面履行

第三百九十一条　合同不全面履行

合同不全面履行包括未全部或者部分履行合同，以及履行质量、履行期限、履行地点不符合合同约定的履行。

第三百九十二条　合同不全面履行的法律后果

合同一方不全面履行合同约定，另一方有权要求继续履行合同、赔偿损失或者解除合同。

第三百九十三条　继续履行

合同生效后，合同内容应当严格履行。任何一方不履行合同约定的，另一方有权要求继续履行或者向法院起诉。

第三百九十四条　损害赔偿

合同一方不履行合同，应当赔偿不履行合同约定对另一方造成的损失。但是，不可抗力造成的履行不能的情形除外。

损失的计算适用本法第四百八十一条的规定。

第三百九十五条　解除合同

合同当事人一方违反合同主要内容给另一方造成损失的，受损害方有权单方解除合同，合同另有约定的除外。

有解除权一方解除合同的，应当通知另一方。

解除书面合同，应当采取书面方式通知。

合同解除后，已履行的部分继续有效，一方已先履行义务的，另一方应当予以补偿。未履行的部分，不再履行。

第三百九十六条　债权人的代位权

债务人怠于向其债务人追偿债务，造成债权人损失的，债权人有权代该债务人向其债务人起诉追偿。但是，该债权专属于债务人，须由债务人亲自追偿的除外。

债权人代位追偿发生的费用由债权人的债务人承担。

第三百九十七条　债权人的撤销权

债务人与第三人恶意作出法律行为以故意逃避清偿，对债权人造成损失的，债权人有权向有关部门提出异议或者向法院起诉要求撤销该法律行为。

第七章　合同的变更、解除和终止

第三百九十八条　合同的变更

合同当事人协商一致，可以变更合同。

变更书面合同的，应当采取书面形式。

第三百九十九条　合同的解除

合同当事人协商一致，可以解除合同。

解除书面合同的，应当采取书面形式。

第四百条　合同的终止

具有以下情形之一的，合同终止：

（一）合同履行完毕；

（二）合同当事人合并；

（三）当事人一致同意终止；

（四）合同不能继续履行；

（五）合同被解除；

（六）合同当事人一方死亡，而他人无法代替继续履行；

（七）法人作为合同当事人被注销或者破产的。

法人被注销或者破产的，合同当事人有权向管理法人财产的人要求偿还费用和损失。

第八章 债权转让和债务转移

第四百零一条 债权转让

债权人有权将债权转让给他人。但是，法律或者合同规定不能转让的情形除外。

债权人转让债权时，应当将债权凭证移交给新的债权人。债权人转让债权不真实的，应当对新的受让人承担责任。

第四百零二条 债务转移

经债权人同意，债务人可以将债务转让给他人。

第四百零三条 权利义务的转移

经合同当事人和第三人的书面同意，合同一方当事人可以将全部合同权利及义务转移给第三人。

第九章 合同对第三人的效力

第四百零四条 合同对第三人的效力

为第三人订立的合同，只在为第三人利益的情形下，对第三人发生效力。

第四百零五条 为第三人订立的合同

为第三人订立的合同是合同当事人为授予第三人权益而订立的合同。

第三人同意接受合同约定的权益时，第三人的权益受法律保护，合同当事人不得随意撤销合同。

第十章　典型合同

第一节　买卖合同

第四百零六条　买卖合同

买卖合同是出卖人交付财产标的给买受人，买受人接收财产标的并依照约定支付对价的合同。

出卖人对出卖的财产应当具有所有权，出卖人出卖的财产被法院或者仲裁机构查封的，出卖人应当赔偿买受人的损失。

签订买卖合同时，出卖人应当告知买受人其他人对财产所拥有的权利，如财产被租赁。出卖人不告知的，买受人有权解除合同并要求赔偿损失，或者要求降低价格。

在财产正式交付前，出卖人有义务保障财产不被损害，直到买受人受领。

买受人按照以下规定拥有财产的所有权：

（一）自出卖人交付财产，且买受人交付对价时。

（二）买受人支付全部对价时，尽管出卖人未交付财产，买受人拥有财产所有权。根据合同当事人的约定，尽管买受人未按照约定支付全部对价，但是，出卖人交付财产时，买受人拥有财产所有权。

（三）应当进行登记的财产，买受人在登记之日起拥有所有权，即使财产已经完成交付或者完成支付。

第四百零七条　标的物的质量

买卖标的物的质量应当满足合同的约定。买卖合同没有约定或者约定不明确的，按照老挝人民民主共和国标准法、有关法律法规或者一般交易习惯规定执行。

标的物质量不符合以上规定的，出卖人应当对买受人承担赔偿责任。

买受人知晓买卖标的物不符合合同约定的，有权要求出卖人更换，或者要求出卖人降低价格，或者主张解除合同并主张赔偿损失。

买受人接收标的物时应当检验标的物质量，发现质量问题的，应当及时告知出卖人，否则应当承担相应的损失。

第四百零八条　分期付款买卖

分期付款买卖，指买受人在一定期限内分期支付费用，出卖人将商品交付买受人时，买受人即取得商品所有权的合同。标的物应当登记的，买受人自登记之日起取得所有权。

买受人未按照合同约定支付全部价款，或者连续三期延迟支付价款的，出卖人有权解除合同，或者要求支付剩余价款。

分期买卖关系应当执行出售时合同约定的价格。履行过程中标的物价格发生改变的，不影响分期买卖标的物约定的价格。

第四百零九条　无处分权的买卖

善意买受人，是指出于合法的目的，以市场价格购买标的物，且购买和使用该标的物的行为公开、连续且稳定的买受人。标的物的实际所有权人有权要求善意买受人返还标的物，但是应补偿善意买受人向无处分权的出卖人支付的购买价款。标的物的实际所有权人有权起诉无处分权的出卖人。

恶意买受人，是指知道或者应当知道买卖关系违法的买受人，一般表现为购买价格与市场价格不相符，购买和使用行为隐蔽、不连续等。标的物的实际所有权人有权要求恶意买受人返还标的物，且不予补偿。恶意买受人有权要求无处分权的出卖人返还购买价款。但是，无权向法院提起诉讼。

第四百一十条　标的物的运送

出卖人和买受人可以协商决定标的物的运送。双方没有约定的，出卖人应当将标的物运送至买受人住所或者合同约定的地点，买受人应当接收标的物，运送费用的承担由买卖双方约定。

出卖人未按照约定的时间运送标的物的，买受人有权不接收标的物。

买受人主动支付价款、运送费后，有权要求出卖人给予合理的补偿。

出卖人运送的标的物数量、质量等不符合合同约定的，买受人有权不接收标的物、不支付价款。若买受人已支付价款的，出卖人应当予以返还并承担赔偿责任。

第二节　互易合同

第四百一十一条　互易合同

互易合同，是指合同一方决定将自有财物交付合同另一方，合同另一方可以其他财物予以交换的合同。

第四百一十二条　互易合同中的补充价款

当一方财物价值高于另一方交付财物价值的，财物价值较低一方应当以补充价款补足。

第四百一十三条　互易合同的规则适用

互易合同参照适用买卖合同的规定。

互易合同自合同当事人互相交付标的物时生效。

第三节　融资租赁合同

第四百一十四条　融资租赁合同

融资租赁合同，是指合同当事人约定出租人将租赁物提供给承租人，承租人按照约定次数分期支付全部对价后获得租赁物所有权的合同。

融资租赁对价按照合同订立时双方的约定。

融资租赁合同应当采用书面形式。

第四百一十五条　出租人的权利义务

融资租赁合同出租人具有以下权利：

（一）要求承租人按照合同约定分期支付租赁物价款；

（二）承租人连续三期未按约定支付租金，或者经书面催告，承租人在收到催告单后三十日仍未支付租金的，出租人有权解除合同、要求返还租赁物，承租人已交付的租金不予退还。租赁物因承租人的原因造成损坏、灭失的，出租人有权要求赔偿。

融资租赁合同出租人具有以下义务：

（一）按照合同约定将租赁物交付给承租人；

（二）承租人支付全部对价后，将租赁物所有权转移给承租人；

（三）依照本法第四百零七条的规定对出租物的质量承担责任。

第四百一十六条　承租人的权利义务

融资租赁合同承租人具有以下权利：

（一）按照合同约定要求出租人交付租赁物；

（二）自占有租赁物之日起取得租赁物产生的孳息；

（三）支付全部对价后，取得租赁物所有权；

（四）要求出租人依照本法第四百零七条的规定对租赁物的质

量承担责任；

（五）经出租人同意可以随时解除合同，但是应当返还租赁物，并对租赁物的损失、灭失承担责任。

融资租赁合同承租人具有以下义务：

（一）按照合同约定分期支付租赁物价款；

（二）按照租赁物的正常状态使用并管理租赁物；

（三）连续三期未按期支付租金时，应返还租赁物；

（四）不得对租赁物部分或者全部进行出售、转让、交换或者其他形式的处分。当事人另有约定的，从其约定。

第四百一十七条　租赁物的处分

在合同期限届满前，承租人对租赁物部分或者全部进行出售、出让、交换或者其他形式处分的，应当承担刑事责任。出租人或者受损失的人有权提起诉讼。当事人另有约定的，从其约定。

第四节　赠与合同

第四百一十八条　赠与合同

赠与合同，是指赠与人自愿将自身的财产无偿给予受赠人，受赠人表示接受的合同。

赠与的财产可以是动产、不动产或者债权。

第四百一十九条　赠与范围

赠与范围与本法第五百九十二条规定设立遗嘱的权利范围相同。

第四百二十条　赠与动产

赠与动产，是指将动产交付受赠人，受赠人自收到动产时成为动产所有权人的赠与方式。

赠与应当登记的动产的，应当采用书面方式，赠与自登记之日起生效。

第四百二十一条　赠与不动产

赠与不动产，是指通过交付不动产所有权凭证或者合法使用凭证，将不动产赠与受赠人的赠与方式。

赠与不动产应当采用书面形式。

不动产的受赠人自登记之日起取得不动产所有权。

第四百二十二条　赠与债权

赠与债权，是指将通过合同或者法律获得的债权赠与受赠人的赠与形式。

赠与债权应当采用书面方式，赠与人应当向所赠与债权的利害关系人告知赠与债权的事实。

第四百二十三条　赠与物瑕疵告知义务

赠与人应当告知受赠人赠与财产的瑕疵或者特殊事项。因赠与人不告知造成受赠人损失的，赠与人应当承担损害赔偿责任。

第五节　附条件赠与合同

第四百二十四条　附条件赠与合同

附条件赠与合同是赠与人依法附条件赠与，受赠人应当先依照条件履行义务，履行义务后才获得财产所有权的赠与合同。

受赠人履行全部义务后，取得赠与物的所有权。受赠人未完成全部义务或者条件的，赠与人有权解除赠与合同。

第四百二十五条　附条件赠与的财产范围

附条件赠与范围与本法第五百九十二条规定的设立遗嘱的财产范围相同。

第四百二十六条　附条件赠与物的瑕疵告知义务

附条件赠与人应当告知受赠人赠与财产的瑕疵或者特殊事项。因附条件赠与人不告知造成受赠人损失的，附条件赠与人应当承担损害赔偿责任。

第六节　典当合同

第四百二十七条　典当合同

典当合同，是指出典人将标的物出售给承典人，动产三年内、不动产五年内，出典人有权按照出售价格赎回标的物的合同。

前款规定的赎回期限届满，经当事人事先约定可以延长典当期限。但是，延长期限不得超过一年。

期限届满后，出典人不赎回典当物的，承典人即成为典当物的所有权人。

典当物为不动产的，应当办理土地使用权登记。典当物为动产的，应当按照担保登记制度办理登记。

第四百二十八条　典当物孳息

承典人支付全部价款后，典当物产生的孳息归承典人所有。承典人未支付全部价款的，无权取得典当物的孳息。当事人另有约定的，从其约定。

第四百二十九条　典当物的管理

承典人应当妥善管理典当物，出典人应当承担承典人为管理典当物支出的费用。管理费用微少的，由承典人承担。承典人有权使用典当物。出典人在规定的期限内赎回典当物的，承典人应当将典当物以原状返还。

第七节 借贷合同

第四百三十条 借贷合同

借贷合同，是指出借人将货币或者实物交付借用人所有，借用人在约定期限内归还同等数量货币或者同数量、同质量实物的合同。

借贷合同未约定期限的，适用本法第三百八十条的规定。

金钱借贷按照合同的约定可以计算利息，也可以不计算利息。但是，应当在合同中明确约定。借款人延迟返还借款造成出借人损失的，出借人可以要求借款人赔偿损失。

实物借贷按照合同的约定可以计算对价，也可以不计算对价。但是，应当在合同中明确约定。借用人延迟返还造成出借人损失的，借用人应当承担赔偿责任。

借贷合同应当采取书面方式。

第四百三十一条 借款利息

当事人约定利息的，向依法成立的银行或者金融机构借贷，依照银行或者金融机构的规定办理。银行或者金融机构外的借贷合同，年利率不得超过百分之三十六。

借款不得将利息计入本金。

合同约定的期限届满，出借人拒绝接收债务返还款项的，不得继续计算利息。

与境外或者国际组织的借贷，利息依照合同当事人的约定执行。

第八节 借用合同

第四百三十二条 借用合同

借用合同，是指出借人将出借物无偿交给借用人使用，借用人在一定期限内返还原物给出借人的合同。

第四百三十三条　借用人的责任

借用物在借用期间发生损失或者损坏的，借用人应当承担赔偿责任。但是，双方有其他约定的除外。

借用人无法归还借用物，或者借用物不能继续使用的，借用人应当根据出借人的同意，依照当时的市场价，以现金或者其他方式进行赔偿。

借用人无权将借用物转借他人。

第九节　租 赁 合 同

第四百三十四条　租赁合同

租赁合同，是指出租人将租赁物交付承租人使用，承租人依照约定和租赁物性质合理使用租赁物，并依照约定价格和期限支付租金的合同。

租赁合同未约定期限的，出租人或者承租人有权随时解除合同。但是，应当提前通知对方。租赁土地、房屋或者其他建筑物等不动产的，应当提前三个月通知对方；租赁车辆、船舶、动物等动产的，应当提前一个月通知对方。

解除耕地租赁合同的，应当在收割季节末或者新开种季节前通知对方。

交付租赁物前，出租人应当向承租人告知租赁物瑕疵或者特点。

因出租人未告知租赁物瑕疵或者特点而使租赁物毁损、灭失的，承租人不承担赔偿责任。

租赁合同应当采取书面形式。

第四百三十五条　租金的支付

租赁合同中，承租人可以依照日、周、月、年支付租金，也可以预付租金。承租人预付租金但合同在期限届满前解除的，出租人应当返还剩余租期的租金。但是，出租人有权要求承租人赔偿因违约造成的损失。

出租人违约的，承租人有权要求出租人返还剩余租期的租金，并有权要求出租人赔偿损失。

第四百三十六条　租赁物的使用和维修

承租人应当依照合同约定和租赁物的特性使用租赁物，并对其进行管理、维护使之处于适当状态。租赁合同终止后，承租人应当将租赁物原物返还出租人。因承租人的过错导致租赁物毁损、灭失的，承租人应当承担责任。

租赁物使用过程中发生修锁、船体补漏、机动车补胎等基本维修的，由承租人承担。发生房屋主体修理、汽车发动机维修等对租赁物大修的，由出租人承担。

经出租人同意，承租人代为对租赁物进行大修的，有权向出租人要求返还维修费或者折抵租金。

承租人提出大修后，出租人有能力而不维修的，承租人有权解除合同，并要求返还已支付的未使用期间的租金。

第四百三十七条　租赁物所有权变更

出租人赠与或者出让租赁物的，应当告知新所有权人租赁关系的存在。赠与或者出让后，租赁合同对新的租赁物所有权人仍有效。

第四百三十八条　转租

经出租人同意，承租人可以在租赁合同规定的期限和条件范围内，将租赁物转租给他人。未经出租人同意转租的，出租人有权解除租赁合同。

第十节 特许经营合同

第四百三十九条 特许经营合同

特许经营合同，是指政府按照老挝人民民主共和国法律以及合同的特殊条件，授予法人开展经营或者项目开发权利的合同。

特许经营合同应当采取书面形式。

第四百四十条 合同当事人的权利义务

特许经营合同当事人可以依照老挝人民民主共和国法律法规约定各自的权利义务。

第十一节 保 管 合 同

第四百四十一条 保管合同

保管合同，是指寄存人将物交付保管人保管，寄存人要求返还保管物时，保管人返还保管物的合同。

保管可以付费或者不付费，依照合同当事人约定或者依照专门规定执行。

保管合同规定期限的，保管期限届满前，保管人无权要求提前退还保管物。但是，有紧急事由或者寄存人要求在期满前取回保管物的除外。

保管合同未规定期限的，寄存人有权随时取回保管物。保管人可以在给予合理期限后要求寄存人取回保管物。

除保管合同有其他规定外，保管费用依照实际保管的时间计算。

第四百四十二条　保管人的权利义务

保管人有以下权利：

（一）按照约定，收取保管费；

（二）保管人有权请求支付因寄存人延迟领取保管物产生的费用。

保管人有以下义务：

（一）保证保管物不受损失、损坏或者丧失价值；

（二）保管人有义务将保管物原物返还寄存人；

（三）除不可抗力外，保管物发生损失、损坏或者丧失价值的，由保管人承担责任；

（四）发生可能导致保管物损害情形时，保管人应当及时通知寄存人，保管人未通知的，将承担由此产生的损失。

除寄存人同意外，保管人无权使用保管物或者将保管物交由他人保管。保管物产生的孳息，归寄存人所有。

第四百四十三条　寄存人的权利义务

寄存人有以下权利：

（一）随时取回寄存物；

（二）保管人造成保管物毁损、灭失的，有权请求赔偿损失。

寄存人有以下义务：

（一）寄存人应当告知保管人保管物存在的瑕疵或者特点。交付保管物时，合同当事人应当共同检查保管物；寄存人未告知保管物瑕疵或者特点，使保管人或者保管物遭受损失的，由寄存人承担责任；

（二）寄存人应当依照约定按时取回保管物，并及时支付保管费；

（三）当事人约定保管费支付时间，而寄存人延迟寄存保管物的，相关责任由寄存人承担；

（四）寄存人延迟取回保管物的，应当支付延迟期间的保管费；

（五）保管人为保管保管物而实际支出的必要费用，寄存人应当予以补偿。

第四百四十四条　寄存易变形、易变质物品

寄存人不依照规定期限提取易变形、易变质保管物的，保管人有权出卖保管物。出卖所得扣除保管及出售费用后，应当返还给寄存人。

保管人非善意出卖保管物的，将承担刑事责任。

第四百四十五条　宾馆或者旅馆的保管责任

住宿客人告知宾馆或者旅馆应保管其交通工具的，宾馆或者旅馆应当对住宿客人的交通工具损失承担责任。

住宿客人持金、银等贵重物品交付宾馆或者旅馆保管并告知保管物为贵重物品的，宾馆或者旅馆才对该贵重物品的毁损、灭失承担责任。

第十二节　委托合同

第四百四十六条　委托合同

委托合同，是指经当事人协商一致，受托人以委托人的名义，处理委托人事务的合同。委托人应当依照合同约定或者法律规定，向受托人支付报酬。

受托人仅能依照委托合同授权开展委托事项，重要性较低的事项除外。

委托不得超过三年。委托合同未规定期限的，自制作委托授权书之日起一年内有效。

第四百四十七条　委托人的权利义务

委托人有以下权利：

（一）可以随时解除委托合同，因解除合同给受托人造成损失的，应当赔偿；

（二）受托人未依照委托内容或者超越委托权限处理事务的，委托人有权拒绝接受受托人的行为。

委托人有以下义务：

（一）委托人应当向受托人提供履行委托事务的必要条件；

（二）接受受托人在委托范围内履行委托的结果；

（三）受托人完成委托事项时，委托人应当依照合同的约定支付委托报酬。受托人为处理委托事务垫付的必要费用，委托人应当予以补偿。

委托人拒绝接受受托人依照委托合同完成的事务时，应当承担包括受托人合理支出的费用以及其他损失。

第四百四十八条　受托人的权利义务

受托人有以下权利：

（一）可以随时解除合同，因解除合同给委托人造成损失的，应当予以赔偿；

（二）请求委托人依照合同约定支付报酬。

受托人有以下义务：

（一）受托人应当严格按照委托人的委托，秉持诚实信用原则亲自从事委托事务；

（二）及时向委托人报告委托事务处理情况，交付在委托事务中获得的物品、金钱或者凭证等；

（三）受托人未依委托内容或者超越委托权限处理委托事务，给委托人造成损失的，应当予以赔偿。

第十三节　服务合同

第四百四十九条　服务合同

服务合同，是指经当事人协商一致，服务方提供使用、制作、建设或者咨询服务，委托方依照约定支付服务费的合同。

第四百五十条　服务合同类型

服务合同包括：

（一）普通服务合同；

（二）专业服务合同。

普通服务合同是经当事人约定，服务方提供修理、理发、制衣、餐饮等服务的合同。

专业服务合同是经当事人约定，服务方提供研究、分析、数据、咨询、软件制作、技术报告等符合专业技术规范服务的合同。

专业服务合同和高标的额的普通服务合同应当采用书面形式。

第四百五十一条　服务方的权利义务

服务方有以下权利：

（一）依照合同约定收取服务费；

（二）委托方不支付服务费的，可以中止提供服务，并留置服务行为对象的物。

服务方应当履行以下义务：

（一）提供符合技术、质量规范，满足委托方要求的服务或者设备；

（二）妥善保管委托方提供的物；

（三）按照约定的时间和质量要求向委托方交付成果；

（四）保守委托方的秘密；

（五）约定的期限届满，服务方不能完成服务内容，委托方同意的，服务方应当继续完成服务内容。

第四百五十二条　委托方的权利义务

委托方有以下权利：

（一）有权要求服务方返还作为服务对象的物；

（二）有权要求服务方修缮或者解决服务成果的缺陷；

（三）有权拒绝接受服务方未依照约定提供的服务；

（四）有权变更服务方，但应当支付原服务方已完成部分的费用。

委托方应当履行以下义务：

（一）向服务方提供必要的设备、资料；

（二）接受服务方符合合同约定的成果，并支付服务费。

第十四节　建设工程合同

第四百五十三条　建设工程合同

建设工程合同，是指经当事人协商一致，承包人使用发包人提供的或者自有的材料进行工程建设，发包人接受工程成果并支付价款的合同。

第四百五十四条　发包人的权利义务

发包人有以下权利：

（一）验收工程，工程没有按照合同约定或者技术要求建设导致不符合技术标准、设计标准或者损坏的，发包人有权要求承包人在合理期间内解决或者修复，修复所使用的发包人提供的物料，发包人有权要求赔偿；

（二）承包人没有在规定时间内解决上述问题或者修复的，发包人有权解除合同或者要求赔偿。

发包人有以下义务：

（一）依照合同约定的价款和时间支付工程费用；

（二）依照合同约定提供有质量和技术保障的工程物料；

（三）其他法律规定的义务。

第四百五十五条　承包人的权利义务

承包人有以下权利：

（一）承包人有权拒绝发包人不符合技术标准的要求，也有权拒绝使用发包人提供的不符合技术标准的材料或者设备；发包人在适当期限内不予处理的，承包人有权解除合同并要求赔偿；

（二）请求发包人按约定价款和时间支付承包建设费用。

承包人有以下义务：

（一）按时完成发包方建设工程；

（二）妥善保管和合理使用发包方提供的物料、工具等，否则应当对损失进行赔偿；

（三）返还剩余建筑物料给发包方；

（四）转包给第三人的，对第三人的行为负责；

（五）对因自身建设行为造成的损失承担责任；

（六）其他法律规定的义务。

第四百五十六条　工程质量的保证

承包人应当保证工程符合建设管理规定。

工程质保期内，发包人发现工程存在质量问题的，有权要求承包人无偿修复。

第十五节　劳 动 合 同

第四百五十七条　劳动合同

劳动合同，是指劳动者与用人方之间订立的合同，劳动者按照工作要求提供劳动，用人方依照规定给劳动者支付工资或者用工报酬、提供劳动福利等。

第四百五十八条　用人方的权利义务

用人方有以下权利：

（一）检验劳动者的能力；

（二）要求劳动者依照合同约定时间上班；

（三）依照劳动法规定解除合同；

（四）法律规定的其他权利。

用人方有以下义务：

（一）依照合同约定或者法律规定给劳动者支付工资、提供劳动福利；

（二）保障劳动者在劳动时间内的安全；

（三）法律规定的其他义务。

第四百五十九条　劳动者的权利义务

劳动者有以下权利：

（一）依照合同约定或者法律规定获得工资、劳动福利等；

（二）工作期间拥有休息权、健康权、安全保障的权利、请求解决劳动争议的权利；

（三）按照劳动法规定解除劳动合同；

（四）法律规定的其他权利。

劳动者有以下义务：

（一）按照劳动合同约定开展劳动；

（二）尽职尽责地完成工作；

（三）法律规定的其他义务。

第十六节　运 输 合 同

第四百六十条　运输合同

运输合同，是指承运人将乘客及其随身物品或者货物、商品、文件资料等从起运地点运输到约定地点，乘客、托运人或者收货人支付票款或者运输费用的合同。

运输合同自承运人接纳乘客及其随身物品或者货物、商品、文件资料等时生效，至乘客及其随身物品到达目的地，或者货物所有人、收货人收货时终止。

第四百六十一条　运输形式

运输形式包括：

（一）陆路运输，包括铁路运输；

（二）水路运输；

（三）航空运输。

各种运输形式的规则和程序由其他法律规定。

第四百六十二条　承运人的权利义务

承运人有以下权利：

（一）依照合同约定或者相关规定合理收取运输费用；

（二）拒绝运送无监护人陪同的精神失常人员、违禁品；

（三）法律规定的其他权利。

承运人有以下义务：

（一）承运人有义务把乘客及其随身物品安全运到目的地，或者将运输的货物依照承运时的数量、质量运至目的地交付收货人；

（二）除不可抗力外，运输过程中发生事故导致乘客受伤、死亡或者承运货物的毁损的，承运人应当承担赔偿责任；

（三）第一时间将突发疾病或者临产的乘客送往最近的治疗机构；

（四）法律规定的其他义务。

第四百六十三条　乘客或者货物所有权人的权利义务

乘客或者货物所有权人有以下权利：

（一）在规定时间内安全到达目的地；

（二）在运送过程中接收信息和享受便利；

（三）请求承运方赔偿因其过错造成的损失；

（四）法律规定的其他权利。

乘客或者货物所有权人有以下义务：

（一）依照约定支付运费；

（二）爱护环境卫生，保持安静文明的乘车环境，按照规定申报贵重物品、危险物品、武器，并有责任依照规定向运输者支付超重费用；

（三）履行法律规定的其他义务。

第四百六十四条　运输费用

乘客应当按照政府规定或者合同双方的约定，在出发前或者到达后支付运输费用。

托运人可以依照约定，在运输前或者运输完成后支付运费。

第十七节　保险合同

第四百六十五条　保险合同

保险合同，是指投保人与保险人约定权利义务关系，投保人支付保险费、保险人依照合同约定情形支付保险金或者赔偿金的合同。

老挝人民民主共和国境内的一切保险合同形式，应当与取得保险设立和运行资质的保险人订立才有效。

保险合同应当采用书面形式。

第四百六十六条　保险合同形式

保险合同包括：

（一）人身保险合同；

（二）财产保险合同；

（三）责任保险合同。

各种保险合同由其他法律法规规定。

第十八节　合 伙 合 同

第四百六十七条　合伙合同

合伙合同，是指两人或者多人约定用现金、资产或者劳务作为出资，共同经营、共享成果、共担风险的经营合同。

第四百六十八条　合伙合同的终止

出现本法第四百条规定情形之一的，合伙合同终止。此外，出现下列情形之一，合伙合同可以终止：

（一）合同期限届满；

（二）合伙人破产或者丧失行为能力，当事人另有约定的，从其约定。

第四百六十九条　利润分配及债务承担

合伙合同终止时，债权债务依照持有的合伙份额进行分配和承担。当事人另有约定的，从其约定。

第六编　非合同债务

第一章　一般规定

第四百七十条　非合同债务关系

非合同债务关系，是指非因合同关系产生的民事法律关系。

第四百七十一条　非合同债务关系的形式

非合同债务关系包括以下形式：

（一）侵权行为；

（二）无因管理；

（三）不当得利。

第二章　侵权行为

第四百七十二条　侵权

侵权，是指因故意或者过失实施违反法律法规的行为或者不作为。除自卫、依法履行职责或者受害人自身原因外，侵权人应当赔偿侵权行为给他人造成的损失。

第四百七十三条　损失的性质

损失应当具有必然性，包括已经产生的损失或者预期将会产生的损失。

可能发生的损失或者预期不会发生的损失，不具有损失的必然性，不属于损失。

第四百七十四条　因果关系

只有在产生的损害结果与侵权行为之间存在因果关系的情况下，侵权人才承担损害赔偿责任，表现如下：

（一）行为是发生损害的必要条件；

（二）行为在损害结果发生前；

（三）行为是损害结果发生的直接原因。

第四百七十五条　损失的形式

损失包括以下形式：

（一）财产损害；

（二）生命健康权损害；

（三）荣誉、名誉或者尊严损害；

（四）精神损害。

第四百七十六条　财产损害

财产损害，是指因财产被破坏、毁损或者变质导致无法全部或者部分使用而产生的损失。

第四百七十七条　生命健康权损害

生命健康权损害，是指对人身体健康造成损害或者致人死亡。

第四百七十八条　荣誉、名誉或者尊严损害

荣誉、名誉或者尊严损害，是指因诽谤、中伤、侮辱或者泄露他人隐私信息而造成的损失。

第四百七十九条　精神损害

精神损害，是指因他人行为造成内心悲伤、痛苦或者失落的损害。

第四百八十条　损害形式与具体损害的确定

损害赔偿额的确定，以受损害人请求的数额、受损害人和侵权人之间的协商或者法院的裁决为基础，应当考虑以下因素：

（一）财产损害：财产价值、修理费用、折旧费用；

（二）生命权损害：丧葬费、精神损害赔偿、死者生前抚养的未成年子女或者有精神障碍、无工作能力的成年子女的抚养费；

（三）健康权损害：医疗费、康复费、误工费、护理费、治疗期间的子女抚养费、仪式费用和其他费用；

（四）荣誉、名誉或者尊严损害：赔礼道歉、发布更正声明、支付赔偿金；

（五）精神损害：通过支付赔偿金、仪式的方式恢复、弥补精神损害，或者其他合适的方式。

第四百八十一条　损害金额的计算

损害赔偿责任的范围，应当与侵权人的过错相当。

受损害人具有过错的，应当在其过错范围内承担损失。

受损害人对因自身原因造成的损失，承担全部责任。

损害赔偿数额的计算，以实际损失为基础。

第一节　自身侵权行为的责任

第四百八十二条　超越职权范围的责任

明知超越职权而作出行为导致他人损害的，应当对超越职权部分所造成的损害承担赔偿责任。

第四百八十三条　紧急避险的责任

因紧急避险造成损失，应当承担赔偿责任。法院可以根据实际情况判令紧急避险受益人或第三人承担赔偿责任。

第四百八十四条　防卫过当的责任

因保护国家、社会利益，自身或者他人健康、生命、权利及正当利益免受不法侵害而采取的行为属于正当防卫。正当防卫造成的损害，行为人不承担责任。但是，正当防卫超过必要限度的，行为人应当对超出限度部分所造成的损害承担赔偿责任。

第四百八十五条　共同侵权的责任

共同侵权行为导致他人损害的，应当共同承担赔偿责任。法院根据查明的事实可以裁决由其中一人或者多人承担赔偿责任。承担超出其赔偿责任范围的行为人，有权对其他行为人进行追偿。

第二节　管理的他人、动物或者物产生的侵权责任

第四百八十六条　雇佣人的责任

雇员在工作范围内对他人造成损害的，由雇佣人承担赔偿责任。

雇员具有重大过错的，雇佣人承担赔偿责任后，有权向雇员追偿。

为自身利益接受他人劳务的，适用本条第一款规定。

第四百八十七条　父母、监护人或者管理人责任

未成年人以及精神病人造成的损失，由其父母、监护人，或者由学校、医院等履行管理职责的主体承担赔偿责任。

第四百八十八条　家畜管理人的责任

因所有权人、管理人过错导致家畜破坏造成损失的，所有权人或管理人应承担赔偿责任，所有权人或管理人可以证明已尽到管理责任、因被损害人原因造成损失的除外。

因第三人原因导致家畜破坏造成损失的，家畜所有权人或管理人承担赔偿责任后，有权向第三人追偿。

第四百八十九条　因物导致的损害责任

因物的所有权人或者管理人的过失，导致物对他人产生损害的，由所有权人或者管理人承担赔偿责任。

第四百九十条　树木所有人或者管理人的责任

因树枝坠落、果实坠落、树木折断等原因造成他人损害的，树木所有人或者管理人应当承担赔偿责任。

第四百九十一条　房屋或者其他建筑物所有人的责任

房屋或者其他建筑物的所有人、管理人、维护人以及使用人，对自身所有或者负有管理责任的房屋或者其他建筑物，不进行妥善管理、维护，致使该房屋或者其他建筑物倒塌或者腐朽造成他人损害的，应当承担赔偿责任。

第四百九十二条　工程承包人的责任

建设工程承包人因建筑或者管理、维护上的瑕疵造成他人损害的，应当承担赔偿责任。建设工程承包人在施工或者管理、维护上的瑕疵，包括建筑物损伤、建筑材料不合格、技术不合格、挖沟或者挖坑没有采取安全措施、设置障碍物等。

第四百九十三条　产品质量产生的责任

从事生产或者销售的自然人、法人或者组织，因其生产的产品或者销售的商品质量不合格造成消费者、使用者损害的，应当承担赔偿责任。

第四百九十四条　危险物导致的责任

因机动车、输电系统、工业工厂、武器、易爆物、易燃物、传染性物品、有毒物品、放射性物质、化学物质等危险物造成损害的，危险物所有人或者管理人应当承担责任。但是，危险物所有人或者管理人对损害的发生没有过错的除外。

第四百九十五条　环境污染导致的责任

自然人、法人或者其他组织污染环境或者造成环境损害的，应当立即停止侵害行为，赔偿因污染行为造成的损失。

第三章　无因管理

第四百九十六条　无因管理

无因管理，是指未受他人委托，为避免他人利益受损，而为他人管理事务的行为。如他人不在时，帮助他人维修房屋、代为清偿债务等。

第四百九十七条　无因管理的条件

无因管理应具备以下条件：

（一）未得到所有权人或管理权人的授权；

（二）基于善意；

（三）为了维护所有权人或占有人的利益；

（四）基于自身能力和条件开展管理；

（五）尽到与管理自己事务同等的义务；

（六）管理人知道或者应当知道所有权人或者占有人意图的，应按照其意图进行管理。

第四百九十八条　无因管理人的义务

无因管理人具有以下义务：

（一）应及时向所有权人或者占有人通知自己管理的事实；

（二）所有权人或者占有人满足自行管理条件前，无正当理由不中断管理；

（三）承担无因管理过程中造成的损失。

此外，应按照本法第四百四十八条中关于受托人义务的要求开展管理工作。

第四百九十九条　所有权人或者占有人的义务

所有权人或者占有人认为无因管理结果良好或认同无因管理事

实的，应当承担无因管理人支出的必要费用。

第五百条　他人生命、名誉和财产的保护

因突发危险保护他人生命、名誉或者财产的，行为人对因此造成的损害不承担赔偿责任。但是，因行为人故意或者重大过失造成的损害除外。

第四章　不当得利

第五百零一条　不当得利

不当得利，是指得利人没有法律依据受领他人的物或者利益，致使他人受到损害的情形。得利人应当将受领的物或者利益返还给权利人。

因无效合同受领的物或者利益，适用本条第一款的规定。

第五百零二条　因误解取得的不当得利

因误解取得的不当得利，应当自知道之日起返还不当得利及其孳息。得利人为了管理、维护不当得利之物及其孳息而支出的费用，可以请求权利人补偿，并有权取得财产增值的部分。

不当得利的物、利益被消费或者毁损、灭失的，得利人应当偿还价值相当的货币。但是因不可抗力造成毁损、灭失的除外。

因得利人修理、维护等行为使得不当得利的物增值的，权利人应补偿与增值部分相当的货币。

不当得利产生的孳息被消费或者毁损、灭失的，得利人不承担责任。

第五百零三条　因故意取得的不当得利

明知自身没有合法依据而取得他人的物、利益的，应当将取得的物、利益，包括孳息在内的不当利益返还给权利人。

受领的物、利益或者孳息被消费或者毁损、灭失的，得利人应当补偿价值相当的货币。

第五百零四条　无权请求返还物

具有下列情形之一的，将物交付他人后，权利人无权请求返还：

（一）期限届满前履行义务；

（二）时效届满后履行义务；

（三）明知无义务而交付的物；

（四）履行他人的义务；

（五）违反法律规定履行义务。

第五百零五条　期限届满前履行义务

合同约定或者法律规定的期限届满前履行义务的，履行义务人无权请求相对方返还已交付的物。但是，履行义务人因误解时间履行义务的除外。

第五百零六条　时效届满后履行义务

时效届满后履行义务的，履行义务人无权请求相对方返还已交付的物。

第五百零七条　明知无义务而交付的物

明知无义务而交付物的，交付人无权请求相对方恢复原状。

第五百零八条　履行他人的义务

因误解向不是自己债权人的人履行义务，致使该债权人丧失债权凭证，或者致使善意债权人撤销担保，或者致使该债权人债权超过时效的，该债权人无须返还所得，且履行义务人无权请求债权人返还。

履行他人的义务的，履行人有权在履行义务范围内向实际义务人或者担保人追偿。

第五百零九条　违反法律规定履行义务

损害国家、社会利益、公序良俗以及违反法律法规的规定而向他人履行义务的，无权请求他人返还，并应承担法律责任。

第七编　担　　保

第一章　总　　则

第五百一十条　担保

担保，是指保证履行法律规定或者合同约定的义务。

第五百一十一条　担保的形式

担保包括：

（一）法定担保；

（二）约定担保。

第五百一十二条　担保优先受偿权顺序

以担保的方式履行义务的优先受偿权顺序如下：

（一）法定优先受偿权；

（二）合同约定的优先受偿权。

上述优先受偿权顺序只在债务人不履行义务及被法院裁决破产的情形下适用。

第五百一十三条　债权人对抵押物权利的顺延

在变更担保形式或者债务人处置抵押物的情形下，抵押权人对处置抵押物所获得的价款或者财产继续享有权利，直至债务人按照合同约定履行全部的权利及义务。

第五百一十四条　抵押物善意购买人或者租赁人

以市场价购买或者租赁抵押物的善意第三人，公开持续地使用抵押物，对抵押物已经用于担保债务或者其他义务，或者对抵押物已经进行抵押登记不知情的，该善意第三人对抵押物担保的债务或者其他义务不承担责任。

第五百一十五条　对以借贷资金购买之物的优先受偿权

借款给债务人购买物品的债权人，自债务人占有该物品起十日内，对以借款购买的物品有优于其他债权人的优先受偿权，但超出上述规定时间，仍没有进行抵押登记的，该优先受偿权消灭。

第五百一十六条　家畜抵押优先受偿权

占有家畜的抵押权人，对除已经进行抵押权登记的债权人外的其他债权人，如提供贷款用于购买动物饲料或者药品的债权人有优先受偿权。

第五百一十七条　农作物抵押优先受偿权

农作物抵押权人，对耕作农作物的土地的抵押权人，有优先受偿权或者优先获得其他义务履行的权利。

第二章　法定担保

第五百一十八条　法定担保

法定担保，是指因人权或者国家利益方面的考量，保障法律规定债务的偿还或者其他义务的履行。

第五百一十九条　法定担保优先受偿权

法定担保优先受偿权顺序为：

（一）依照劳动法的规定支付劳务费、工资或者其他劳动者利益；

（二）税收；

（三）为保护国家利益的其他支付义务，该支付义务不包括因国家机构与自然人或者其他组织签署的合同而产生的债务或者利益。

第三章 约定担保

第五百二十条 约定担保

约定担保，是指债权人与债务人之间就履行债务偿还或者就其他自然人、法人代为清偿债务等义务达成的合意。

约定担保包括的形式：

（一）物的担保；

（二）保证。

物的担保，是指债权人与债务人或者第三人约定以本法规定的质押或抵押方式进行担保。

保证，是指自然人或者法人同意在债务人不履行自身义务时，代为偿还债务或者履行其他义务。

第五百二十一条 可以用于担保之物

可以用于担保之物包括动产、不动产及权利。

可以用于担保的动产包括：

（一）有价物；

（二）机械；

（三）交通运输工具；

（四）库存商品或者用于生产的原料；

（五）农作物；

（六）日用品、消费品；

（七）合同当事人约定的其他动产。

可以用于担保的不动产包括：

（一）自然人、法人或者组织的土地使用权；

（二）商品房及其他房屋、大楼等建筑物的所有权；

（三）法律或者相关合同约定的基于土地租赁合同或土地承包经营合同产生的财产。

可以用于担保的权利包括：

（一）应收账款；

（二）可以转让的债券、保函等金融产品凭证；

（三）银行存款；

（四）知识产权；

（五）合同当事人约定的其他权利。

第五百二十二条　抵押物性质确定及估价

抵押合同中必须确认抵押物的性质。

在抵押合同中可以按照合同当事人的合意约定抵押物的价值。

第五百二十三条　一物向多个债权人抵押

一物向多个债权人抵押，是指以一物向多个债权人担保多个债务或者义务，包括本法第五百二十五条规定的抵押与质押。

一物向多个债权人抵押应具备以下条件：

（一）抵押物属于债务人所有。如抵押物属他人所有的，应当有合法的书面授权证明，同意作为抵押物。法律另有规定的，依照其规定；

（二）抵押物价值应当高于本次担保债权的额度加上之前已经进行过担保的债权额度总值，抵押物价值按照债权人及债务人的合意，或者根据政府机构或者其他机构对抵押物的评估确定；

（三）在与第一位债权人签署的抵押合同及与其他后顺位债权人签署的抵押合同中应当清楚约定或者写明同一抵押物的剩余价值，合同另有约定的除外；

（四）债务人应当书面通知第一位债权人抵押物再抵押事宜，以及提前十五日书面通知新的债权人抵押物已抵押的事实，以便新的债权人考虑是否接受再抵押；

（五）抵押物为不动产的，应当对前次抵押依照本法第五百六十二条的规定进行抵押登记后，才可以进行下一次抵押，下一次抵押进行登记后，才可以进行再下一次抵押。

一物多押的各债权人，依照本法第五百二十四条的规定享有优先受偿权。

第五百二十四条　约定担保的优先受偿权

同一抵押物的债权人，将按照下列情形享有优先受偿权及履行其他义务的权利：

（一）已经进行抵押登记的各债权人当中，占有抵押物或者管理抵押权益的债权人，优先受偿；

（二）已经进行抵押登记的各债权人当中，先登记的较后登记的优先受偿；

（三）抵押物无须登记的，占有抵押物或者管理抵押权益的债权人优先受偿。

各抵押权人均没有进行抵押登记、没有占有抵押物或管理抵押权益的，各抵押权人按照债权比例受偿。

第五百二十五条　约定担保的方式

约定担保有以下方式：

（一）质押；

（二）抵押；

（三）保证。

第一节　质　　押

第五百二十六条　质押

质押，是指债权人或约定的第三人占有债务人或第三人为担保债务或其他义务的履行而移交的财产。

第五百二十七条　质押分类

质押包括：

（一）动产质押；

（二）不动产质押；

（三）权利质押。

1. 动产质押

第五百二十八条　动产质押

动产质押，是指质押人向质押权人或者约定的第三人转移占有动产，以保证履行债务或其他义务。

第五百二十九条　动产质押的条件

动产质押应当满足下列条件：

（一）有履行债务或者义务的合同；

（二）质押合意；

（三）质押物属质押人所有，质押物属他人所有的，应当获得授权；

（四）向质押权人或者约定的第三人转移并让其占有动产。

第五百三十条　动产质押的效力

质押的动产，由质押权人或者约定的第三人占有。但是，质押物所有权仍属于质押人。质押权人就质押物有优先于其他债权人受偿的权利，优先受偿权依照本法第五百二十四条的规定办理。

除获得质押人的书面许可之外，质押权人或者约定的第三人无权使用质押物或者享有质押物的孳息，质押权人或者经授权保管质押物的第三人，对因自己的过错造成的质押物毁损或者损害负赔偿责任。

质押物毁损、受损害或者被盗的，质押权人或者经授权保管质押物的第三人有权代为追回。

第五百三十一条　动产返还及出售

债务人清偿完债务或者履行完义务时，质押消灭，所押的动产应当返还给质押人。

债务人不依照约定期限清偿债务或者履行义务时，所质押的动产价值等同于债务数额的，有优先受偿权的债权人有权以物抵债。

所质押的动产价值高于债务数额的，债权人有权购买动产，或者按照约定的价格出售或者拍卖动产，在以所得价金扣除本金及利息后，超出债务数额部分归还给债务人，所得价款不足以清偿债务数额的，不足部分由债务人补齐。

第三人以自身所有的动产为债务人设立质押担保，且以处置该动产的方式代替债务人履行债务或者义务后，该第三人有权依照本法第五百五十八条第四款的规定向债务人追偿。

第五百三十二条　典当行的质押

典当行的质押行为，适用本法第五百二十八条至第五百三十一条及与典当行相关的法规的规定。

第五百三十三条　权益凭证质押

权益凭证质押，是指债务人将动产权属凭证原件交付给债权人，以保证履行债务。但是，债务人仍然占有及使用上述动产。

以权益凭证质押的，债务人仍然为质押权益凭证所指动产的所有人。但是，债务人无权出售、转让或者再次质押该动产，且应当妥善保管该动产以维持动产原状。

债务人不依照约定的期限偿还债务及履行义务的，债权人有权要求债务人交付质押权益凭证所指的动产。

质押动产由债务人占有的，债权人有权向债务人了解动产情况。

第五百三十四条　库存商品质押

库存商品质押，是指使用仓库商品权益凭证向债权人担保履行债务及其他义务。库存商品权益凭证可以转让。

明知库存商品已经用于担保的，买受人也可以获得商品所有权，且对库存商品质押合同约定的权利义务不负责任。

库存商品，包括流动的物品、用于出售或者出租的商品、用于生产或者用于开展经营活动的原料、材料。

2. 不动产质押

第五百三十五条　不动产质押

不动产质押，是指质押人向质押权人或者约定的第三人转移不动产的占有，以保证履行债务或者义务。

第五百三十六条　不动产质押的条件

不动产质押应当满足下列条件：

（一）有履行债务或者义务的合同；

（二）质押合意；

（三）质押人为不动产所有权人；

（四）质押期不得超过五年，质押期可以按照合同当事人的约定续期，但是每次续期的时间不得超过五年；

（五）质押权人占有不动产；

（六）签订书面质押合同，且应当向自然资源环境行政部门或者其他政府部门进行登记。

第五百三十七条　不动产质押的效力

质押的不动产，由质押权人占有。但是，所有权仍属于质押人。质押权人有权使用质押的不动产，收取质押不动产的孳息。但是，无权请求质押人支付利息，质押权人就质押物有先于其他债权人受偿的权利，优先受偿权适用本法第五百二十四条的规定。

第五百三十八条　不动产管理费支付

质押权人负责支付不动产的管理费、维护费、修缮费及其他费用，质押权人或者获得授权管理质押物的第三人，对因自己的过错造成的质押物毁损或者损害负赔偿责任。

第五百三十九条　不动产返还及出售

债务人履行完债务或者义务时，质押消灭，质押的不动产应当原状返还给抵押人，且应当注销质押登记。

债务人不依照约定期限履行债务或者义务，债权人与债务人无法达成一致的，债权人有权按照市场价格变卖或者拍卖不动产，不动产价值高于债务金额的，扣除债务及相应费用后的剩余部分全部返还质押人，所得价款不足以清偿债务的，不足部分由债务人补齐。

第三人以不动产为债务人设立质押担保，且以处置该不动产的方式代替债务人履行了债务或者义务后，有权依照本法第五百五十八条的规定向债务人追偿。

3. 权 利 质 押

第五百四十条　权利质押

权利质押，是指以请求权、其他权利、对经济活动的权利或者项目收益为担保，以保证履行债务或者其他义务。

第五百四十一条　债权质押

债权质押，是指以银行存款、企业债券、国债、合同权利、借款凭证及其他债权作抵押担保。

第五百四十二条　其他权利质押

其他权利质押，是指以股票、知识产权、经营权及其他权利作质押担保。

第五百四十三条　以经营权或者项目收益质押

以对经济活动的权利或者项目收益质押，是指以经营项目的部分或者全部经济活动的权利，或者以项目收益作质押担保，如项目将获得的收入、农业成果产出。

第五百四十四条　权利质押的条件

权利质押应当满足以下条件：

（一）存在应当清偿的债务或者履行的义务；

（二）质押合意；

（三）质押人是所质押权利的所有权人；

（四）债权质押应当满足本法第四百零一条的规定；

（五）股票或者记名债券质押应当先在公司发行的股票上背书质押事宜；

（六）对经济活动的权利或者项目收益质押应当是以将来开展的经济活动，或者项目在将来会获得的收益作为质押物。

第五百四十五条　权利质押效力

权利质押具有以下效力：

（一）管理质押权利的债权人，享有优先于其他债权人的受偿权；

（二）质权人可以直接要求质押人偿还债务；

（三）质押债权为金钱债权的，质权人可以在自身的债权范围内直接要求质押人清偿；

（四）质押的权利先于被担保的债权到期的，质押权人有权请求质押人的债务人将需要清偿的金钱交予质押权人或者约定的第三人占有或管理。

本法第五百三十一条第四款的规定也适用于权利质押。

第二节　抵　　押

第五百四十六条　抵押

抵押，是指以物进行抵押登记，但是不向抵押权人转移占有，担保履行债务或者义务。

第五百四十七条　抵押的种类

抵押包括：

（一）不动产抵押；

（二）动产抵押。

1. 不动产抵押

第五百四十八条　不动产抵押

不动产抵押，是指以不动产进行抵押登记，但不向抵押权人转移不动产，担保履行债务或者义务。

第五百四十九条　不动产抵押的条件

不动产抵押应当满足下列条件：

（一）存在应当清偿的债务或者履行的义务；

（二）有抵押合意；

（三）抵押权人不占有抵押物；

（四）抵押物所有权属于抵押人；

（五）签订书面抵押合同，并向自然资源环境行政部门或者其他政府部门进行登记。

第五百五十条　不动产抵押的效力

抵押的不动产的所有权属于抵押人，抵押人对经抵押登记的抵押物享有占有、使用及收益权。

抵押人应当妥善保管抵押物以使其处于原来状态，并保证不减少其价值，抵押物有维修、保养或者添附的，维修、保养或者添附的价值应计算进抵押物的担保范围中。

抵押人无权出售、转让或者置换作为抵押物的不动产，否则，抵押权人有权请求返还抵押物，所产生的费用及因抵押人违反上述规定所产生的损失，由抵押人承担。

抵押人完全履行义务时，抵押消灭，同时应当注销抵押登记。

第三人以不动产为债务人设立抵押担保，以处置该不动产的方式代替债务人履行债务或者义务后，有权依照本法第五百五十八条第四款的规定向债务人追偿。

第五百五十一条　抵押权人对作为抵押物的不动产的权利

债务人不依照规定期限履行债务的，抵押权人有权变卖、拍卖抵押物清偿债务、利息或者履行义务。

先获得不动产抵押权的债权人，对没有设立不动产抵押权的债权人，或后获得不动产抵押权的债权人有优先受偿权。但是，本法第五百一十二条规定的情形除外。

2. 动 产 抵 押

第五百五十二条　动产抵押

动产抵押，是指以动产进行抵押登记，但不向抵押权人转移占有，担保履行债务或者义务。

有权属证的动产才可以作为抵押物。

第五百五十三条　动产抵押的条件

动产抵押应当满足下列条件：

（一）存在应当清偿的债务或者履行的义务；

（二）有抵押合意；

（三）抵押权人不占有作为抵押物的动产；

（四）抵押物所有权属于抵押人；

（五）签订书面抵押合同，并向相关政府部门进行登记。

第五百五十四条　动产抵押的效力

动产抵押的效力，适用本法第五百五十条关于不动产抵押效力的规定。

第五百五十五条　抵押权人对作为抵押物的动产权利

动产抵押权人的权利，适用本法第五百五十一条关于抵押权人对不动产抵押物的规定。

第三节　保　　证

第五百五十六条　保证

保证，是指自然人或者法人同意在债务人不偿还债务或者不履行义务时代替债务人偿还债务或者履行义务。

第五百五十七条　保证合同的形式

保证合同，应当采用书面形式。保证合同可以附属于原合同或者单独订立。保证合同应当有见证人见证，同时经公证处或者村长证明。

第五百五十八条　保证人的责任范围

保证人依照保证合同的约定，对债务人的债务提供担保，保证人代为偿还债务的，只负责偿还债务的本金，合同另有约定的除外。

合同履约期届满时，债权人应当先向债务人追偿，债务人不清偿的，债权人才有权请求保证人清偿。

保证人及债务人之间有互相告知已经清偿债务部分的义务。

保证人代替债务人履行全部或者部分债务后，成为债务人的债权人，有权向债务人追偿代为履行的债务。合同有约定的，保证人也可以向债务人追偿其他费用。

第五百五十九条　共同保证

债务可以由一个或者多个保证人担保，称为共同保证。

共同保证人，按照约定可以共同担保全部或者部分债务。共同保证人共同担保全部债务的，债权人有权请求共同保证人中的任一人清偿全部债务。

按份保证，债权人有权按照各保证人的保证份额请求保证人清偿债务。

债务人清偿部分债务后，由共同保证人担保清偿全部债务的，债权人有权请求任一共同保证人清偿剩余债务。按份担保的，债权人有权请求各保证人在其保证份额内清偿剩余债务。

第五百六十条　保证人死亡或者失去民事行为能力

保证人死亡的，其继承人或者遗产管理人承担担保责任。

保证人失去民事行为能力的，其监护人承担担保责任，债权人要求债务人变更保证人的除外。

第五百六十一条　保证责任免除

满足下列任一条件，保证责任免除：

（一）债务人完全清偿债务或者履行义务；

（二）保证人履行了保证义务；

（三）债权人与债务人变更合同或者增加了合同义务内容，但未经保证人同意的。

第四章　登记、背书优先受偿权及担保转让

第五百六十二条　登记

不动产抵押或质押，应当向不动产所在县的自然资源环境行政部门进行土地使用权担保登记，以同一块土地向多个债权人抵押或者质押的，在进行土地使用权担保登记时，土地使用权人应当将土地使用权证交土地所在县的自然资源环境行政部门依照土地登记管理规定保管土地使用权证。

动产抵押，应当向财政部门或者其他相关政府部门登记。

抵押及质押登记信息应当公开，无须经批准就可以查看抵押及质押登记信息。

抵押及质押登记的程序及方式另行规定。

第五百六十三条　担保登记注销

满足下列任一条件，担保登记注销：

（一）抵押权人或质押权人申请注销担保登记；

（二）法院判决注销担保登记。

第五百六十四条　优先受偿权的放弃及担保转让

有优先受偿权的抵押权人或者质权人，在其债权范围内可以对其他抵押权人或者质权人放弃优先受偿权。

抵押权人或者质权人有权在其债权范围内向同一债务人的债权人转让担保权。

抵押权人或者质权人可以在其债权范围内向他人转让抵押担保，包括与担保权有关的收益、优先受偿权。

第八编　遗产继承

第一章　遗产继承原则

第五百六十五条　遗产

遗产，是指被继承人遗留的财产，以及其享有的权利及应当承担的义务，法律或者合同规定其本人在世时由其本人享有之权利或者由其本人承担之义务除外。

第五百六十六条　遗产继承

遗产继承，是指继承人依照法律规定或者遗嘱继承被继承人的财产。

第五百六十七条　法院裁决宣告死亡人的遗产

被法院裁决宣告死亡的，被宣告死亡人的遗产由继承人继承。法院裁决宣告死亡之后，被宣告死亡人尚生存的，继承人应当将仍存在的遗产返还给被继承人。但是，被继承人应当向继承人补偿因保管遗产所支出的费用。

被宣告死亡后仍生存的人，自知道法院裁决宣告死亡之日起三年内，不向财产继承人请求返还动产的，该动产归继承人所有；自知道法院裁决宣告死亡之日起六年内，不向财产继承人请求返还不动产的，该不动产归继承人所有。

第五百六十八条　继承开始

继承自被继承人死亡时开始，被继承人是被法院裁决宣告死亡的，继承自法院裁决生效之日起开始。

第五百六十九条　继承开始地

继承开始地，是指被继承人生前的最后住所地，被继承人生前最后住所地不明确，或者有多个住所地的，以被继承人的主要遗产所在地为继承开始地。

第五百七十条　遗产继承的范围

遗产按照下列顺序清偿费用后，剩余遗产才可以用于分配：

（一）丧葬费；

（二）偿还被继承人的债务；

（三）遗产继承所产生的费用，遗产管理费、手续费及其他费用。

第五百七十一条　遗产继承的种类

继承包括：

（一）法定继承；

（二）遗嘱继承。

第二章　法定继承

第五百七十二条　法定继承

法定继承，是指本法规定的继承人依照法律规定继承被继承人的遗产。

第五百七十三条　法定继承适用条件

有下列情形之一的，适用法定继承：

（一）无遗嘱；

（二）遗嘱无效；

（三）遗嘱继承人在继承开始前死亡；

（四）遗嘱继承人放弃继承；

（五）有遗嘱未处理的剩余遗产。

第五百七十四条　法定继承人

法定继承人包括：

（一）亲生子女、养子女、继子女，胎儿继承的财产由母亲负责管理；

（二）配偶；

（三）父母、祖父母、外祖父母、曾祖父母；

（四）兄弟姐妹、叔父母、侄子女、甥子女；

（五）法律规定的国家、法人或者其他第三人。

第五百七十五条　继承顺序

依照本法第五百七十四条规定继承的，与被继承人亲缘最近的继承人优先继承。没有亲缘最近的继承人的，由次于最近的继承人继承。

第五百七十六条　配偶与子女之间的遗产分配

夫妻一方死亡的，子女继承被继承人婚前财产的四分之三，被继承人配偶继承其婚前财产的四分之一。

被继承人的婚后财产，二分之一由被继承人的配偶继承，二分之一由被继承人的子女均等继承。

第五百七十七条　被继承人子女间的遗产分配

被继承人子女按照以下方式继承遗产：

（一）被继承人只有婚生子女的，应当由婚生子女平均继承被继承人的婚前财产或者婚后财产份额，有本法第五百七十六条规定的情形除外；

（二）被继承人有婚生子女、养子女及继子女的，应当由子女继承的被继承人婚后财产份额，依照本条第一项的规定由婚生子女、养子女及继子女平均继承；

（三）养子女有权与婚生子女继承同等份额的被继承人的婚前财产，但是继子女不能继承继父母的婚前财产；

（四）养子女不能继承亲生父母的遗产，但是亲生父母立有遗嘱，养子女依照遗嘱继承的除外；

（五）被继承人的婚生子女、养子女、继子女当中抚养、照看及治疗被继承人直至其死亡的，或者亲自料理及负责丧事费用的，或者妥善保管被继承人的遗产及使遗产增值的，可以多分配一份遗产。

第五百七十八条　被继承人配偶及直系亲属间遗产分配

被继承人没有子女的，被继承人的配偶及其直系亲属按照以下方式继承遗产：

（一）被继承人的配偶，继承被继承人婚前财产的三分之一，被继承人婚前财产的三分之二由与被继承人亲缘关系最近的直系亲属平均继承；

（二）被继承人的婚后财产，全部由被继承人配偶继承。

第五百七十九条　直系亲属间的遗产继承

被继承人没有配偶也没有子女的，其遗产由亲缘关系最近的直系亲属平均继承。

第五百八十条　配偶与旁系亲属之间的遗产继承

被继承人没有子女、直系亲属的，与被继承人亲缘关系最近的旁系亲属可以继承被继承人婚前财产的二分之一，剩余的二分之一由被继承人的配偶继承，被继承人的婚后财产，全部由其配偶继承。

与被继承人亲缘关系最近的旁系亲属所继承的遗产，由旁系亲属平均继承。

第五百八十一条　旁系亲属遗产继承

被继承人没有子女、配偶、直系亲属的，其遗产由与被继承人亲缘关系最近的旁系亲属平均继承。

第五百八十二条　配偶遗产继承

被继承人没有子女、直系亲属、旁系亲属的，其遗产全部由其配偶继承。

第五百八十三条　雇主与雇员之间的遗产继承

没有配偶、子女、直系亲属、旁系亲属的雇主，其遗产由为其服务三年以上的雇员继承。

没有配偶、子女、直系亲属、旁系亲属的雇员，其遗产由雇主继承。

被继承人没有配偶、子女、直系亲属、旁系亲属的，一直照顾、帮助被继承人直至其死亡，并为其料理丧事的人，可以按照法院的裁决继承其遗产。

第五百八十四条　僧人或者其他宗教人员的遗产

僧人或者其他宗教人员可以依照法律规定以赠与、附条件赠与及作出遗嘱的方式向他人或者机构处置其出家之前或者出家期间所有的财产，包括有权让他人继承其遗产。

僧人或者其他宗教人员死亡后，其没有本法第五百八十五条第一款规定的继承人，也没有将财产赠与他人、机构或者慈善机构的，僧人或者其他宗教人员的财产归寺庙或者其生活的宗教场所所有。

第五百八十五条　其他继承人

自然人死亡后，无法确定其继承人，或者无法确定继承人确切住址，六个月内无人请求继承其遗产的，则被继承人的全部遗产由国家管理。

本法第六百零八条规定的时效届满后，无人继承的遗产归国家所有。

公证人员或者村长有权将遗产用于支付被继承人的丧葬费及债务。

第五百八十六条　分居夫妻之间的遗产继承

夫妻分居但是未办理离婚手续的，相互具有继承权。

第五百八十七条　精神损害赔偿及死亡赔偿金的分配

被继承人死亡后有精神损害赔偿、死亡赔偿金的，精神损害赔偿、死亡赔偿金由被继承人的父母、配偶、子女三方平均分配；被继承人没有子女的，则由被继承人的父母、配偶二方平均分配；被继承人没有父母的，则由被继承人的配偶、子女二方平均分配；被继承人没有父母、配偶的，则由其子女分配。其他情形下的精神损害赔偿、死亡赔偿金的分配适用本法第八编的规定。精神损害赔偿、死亡赔偿金应当先支付丧葬费、清偿债务及履行其他义务后才可以用于分配。

第五百八十八条　代位继承

被继承人的法定继承人先于被继承人死亡的，该法定继承人的继承人有权代替该法定继承人继承被继承人的遗产，代替该法定继承人的继承人死亡的，则由该人的继承人继承被继承人的遗产，以此类推。

第五百八十九条　代位继承的条件

代位继承人应当满足以下条件：

（一）为法定继承人；

（二）为被代位继承人的子女。

第三章　遗嘱继承

第五百九十条　遗嘱

遗嘱，是指财产所有人以书面或者口头的方式将自身死亡后的财产授予自然人、法人或者机构的意思表示。

遗嘱自财产所有人死亡时发生法律效力。

第五百九十一条　立遗嘱权

自然人有权依照本法第五百九十三条的规定，按照自身的意愿立遗嘱将属自身所有的财产授予一人或者数人、政府机构、集体及社会组织、基金会或者慈善组织，或者保留部分财产以便捐赠用作宗教活动或者抚养无劳动能力的亲属。

第五百九十二条　遗嘱处分财产的范围

财产所有人在生前可以按照下列范围以遗嘱处分遗产：

（一）遗嘱人有一名子女的，遗嘱授予他人的财产不得超过全部财产的二分之一；

（二）遗嘱人有两名子女的，遗嘱授予任一子女或者他人的财产不得超过全部财产的三分之一；

（三）遗嘱人有三名及以上子女的，遗嘱授予任一子女或者他人的财产不得超过全部财产的四分之一。

遗嘱处分财产的范围超过前款规定比例的，超出部分无效，所超出部分的分配依照法定继承的规定办理。

第五百九十三条　遗嘱订立方式

遗嘱包括：

（一）书面遗嘱；

（二）口头遗嘱。

第五百九十四条　书面遗嘱

书面遗嘱可以下列方式作出：

（一）遗嘱人亲自书写；

（二）他人代为书写，但是应当有至少三名见证人在场，遗嘱内容应当保密，直至遗嘱公开或者继承开始。

遗嘱上应当注明书写遗嘱的地点、日期、遗产的种类及数量、遗嘱人、遗嘱继承人、代书人及见证人的姓名。

遗嘱人、代书人及见证人应当在遗嘱上签名并按手印。

遗嘱作成后应当妥善密封，交由遗嘱人住所地或者住所地附近的公证机关公证，遗嘱人的住所地或者住所地附近没有公证机关的，遗嘱交由村长保管。

第五百九十五条　无权依照书面遗嘱继承遗产的人

以下人员无权按照书面遗嘱继承遗产：

（一）代书人；

（二）订立遗嘱时的见证人；

（三）代书人的配偶、子女，或者订立遗嘱时见证人的配偶、子女。

第五百九十六条　口头遗嘱

因健康恶化或者其他原因导致遗嘱人有生命危险的紧急情形

下，遗嘱人可以订立口头遗嘱。但是，应当有见证人在场见证。

口头遗嘱见证人应当及时向公证机关或者村长告知遗嘱人口头遗嘱的全部内容，并书面说明遗嘱人不能订立书面遗嘱的原因，公证机关或者村长应当书面记录遗嘱人口头遗嘱的内容。

遗嘱人康复后一个月，口头遗嘱失效。

第五百九十七条　遗嘱继承的备选人

遗嘱人有权在遗嘱中约定遗嘱继承备选人，在遗嘱继承人先于遗嘱公开或者被继承人死亡，或者遗嘱继承人放弃继承时，让遗嘱继承备选人代替遗嘱继承人继承遗产。

第五百九十八条　遗嘱继承人的权利

遗嘱继承人按照遗嘱继承遗产后，仍有权按照法定继承继承属于自身份额的遗产。

第五百九十九条　遗产管理人

遗嘱人指定未成年人或者精神病人为继承人或者受遗赠人的，有权在遗嘱中指定遗产管理人。

遗产管理人可以指定他人代替自身履行遗产管理事宜。但是，遗嘱人在遗嘱中另有规定的除外。

第六百条　遗嘱变更或者撤销

遗嘱人可以随时另立新的遗嘱，以变更或者撤销之前立的遗嘱。

新的遗嘱可以撤销与其内容相抵触的原遗嘱的部分或者全部内容。

第六百零一条　遗嘱失效

具有以下情形之一的，遗嘱失效：

（一）遗嘱继承人先于遗嘱人死亡；

（二）遗嘱继承人放弃遗嘱继承；

（三）遗产灭失，或者在继承开始前被遗嘱人销毁；

（四）依照本法第六百零二条的规定无效。

第六百零二条　遗嘱无效

具有以下情形之一的，遗嘱无效：

（一）遗嘱人无民事行为能力；

（二）遗嘱遗产不明确；

（三）受胁迫、欺骗而作出的遗嘱，或者遗嘱被篡改；

（四）有本法第五百九十五条规定的情形。

第六百零三条　指定遗嘱执行人

可以指定遗嘱执行人的包括：

（一）遗嘱人；

（二）由遗嘱选定的人指定，或者由遗嘱继承人共同指定；

（三）在遗嘱人没有指定遗嘱执行人，或者指定的遗嘱执行人死亡、失踪、无民事行为能力，或者遗嘱执行人不忠实或者不能履行遗产执行义务时，经遗嘱利害关系人申请，由法院指定遗产执行人。

第六百零四条　遗嘱执行人的权利义务

遗嘱只能在遗嘱人死亡后开始执行。

遗嘱执行人有权采取必要及合适的措施以实现遗嘱内容。

遗嘱执行人没有报酬。但是，有权获得因管理遗产而支出的必要费用的补偿。

遗嘱执行人有义务向继承人报告遗产执行情况。

第六百零五条　遗嘱公布

遗嘱人死亡后十五日内，保管遗嘱的村长或者公证员应当向有继承权的人公布遗嘱。

第四章　继承、放弃继承及丧失继承权

第一节　继承及放弃继承

第六百零六条　开始继承

在被继承人死亡之后，继承人可以随时要求开始继承遗产，遗嘱另行约定或者有其他约定的除外。

继承人为未成年人的，可以等其成年后分割遗产。在未成年人成年前分割遗产的，应当有公证机关或者村长见证。

被继承人配偶再婚的，继承人子女有权要求开始继承遗产。

第六百零七条　制作遗产清单

继承开始前，应当对被继承人的下列财产制作清单：

（一）婚前财产及婚后财产；

（二）被继承人生前被他人借用、借贷的财产，寄存于他处的财产，用于给他人担保的财产，被他人欺诈、隐匿的财产；

（三）丧葬费及被继承人的债务。

在对财产及债务清单进行清理后，各继承人依照清单继承其应当继承的份额。

第六百零八条　遗产追回时效

遗产追回时效为三年，自被继承人死亡之日起计算。超过时效的，不得再提起诉讼。但是，继承人年龄未达到十八周岁或者有其他充分原因的除外。

第六百零九条　对继承人保管的遗产进行分配

超过本法第六百零八条规定的时效，继承人仍可以随时对自身保管的遗产进行分配。

第六百一十条　继承遗产

法定继承人向公布继承开始的村长作出继承遗产的意思表示的，视为接受继承。

遗嘱继承人向保管遗嘱的公证机关作出继承遗产的意思表示的，视为接受继承，如果当地没有公证机关，则向保管遗嘱的村长作出继承遗产的意思表示的，视为接受继承。

遗产继承人应当在继承开始后六个月内受领遗产。

有继承人放弃继承属自己份额的遗产，其他继承人有意向继承该继承人所放弃的遗产份额的，应当在规定的遗产继承剩余时间内作出继承意思表示，剩余的遗产继承时间少于三个月的，作出该意思表示的继承人可以向法院请求延长遗产继承时间，但是最长不得超过三个月。

公证员或者村长应当向继承人出具接受继承证明，以兹证明。

第六百一十一条　没有在规定时间内完成继承的遗产

在本法第六百一十条第三款规定的时间内，继承人没有继承属自己份额的遗产，该份额遗产已经被其他继承人继承或者已经被授予国家的，只有在该其他继承人或者国家同意返还遗产时，继承人才可以继承遗产，该其他继承人或者国家不同意，继承人有充分的理由的，可以由法院裁决使其继承遗产。

在本法第六百一十条第三款规定的时间内，法定继承人或者遗嘱继承人在继承属其份额遗产前死亡的，由其代位人代替其继承遗产。

第六百一十二条　放弃继承

法定继承人或者遗嘱继承人可以放弃属自身应当继承份额的遗产，而将上述遗产授予其他自然人、法人、政府机构、慈善组织或者基金会，放弃继承的意思表示应当在继承开始后六个月内作出。

法定继承人放弃继承的，应当以书面形式通知村长其放弃继承的意思表示，且注明所放弃继承的遗产将授予何人。

遗嘱继承人放弃继承的，应当以书面形式通知公证机关其放弃继承的意思表示，且注明所放弃继承的遗产将授予何人。

没有注明将所放弃继承的遗产具体授予何人的，则该份额遗产由其他继承人依照法律规定继承。

在本法第六百一十条第三款规定的时间内，继承人没有作出继承意思表示的，视为放弃继承，该放弃继承遗产部分由其他继承人依照法律规定继承。

第六百一十三条　无民事行为能力人放弃继承

未经父母或者监护人同意，不满十八周岁的未成年人或者精神病人不得放弃继承。

第六百一十四条　放弃继承人的权利

继承人放弃属自身应当继承份额遗产且已经将该遗产授予他人的，对不属于已放弃继承份额遗产的其他遗产有代位继承权。

第二节　丧失继承权

第六百一十五条　丧失继承权

在下列情形下，继承人丧失继承权：

（一）以欺诈的方式分配遗产；

（二）法院裁决父母、子女丧失继承权；

（三）法律或遗嘱规定的丧失继承权的情形。

第六百一十六条　以欺诈的方式分配遗产

继承人以欺诈、隐瞒的方式继承遗产，所获得的遗产多于其应当继承份额的，该超出部分无效，且应当返还已经获得的全部遗产。

继承人以欺诈、隐瞒的方式继承遗产，所获得的遗产少于或者等同于其应当继承份额的，继承人无权获得其应当继承份额的遗产。

本规定不适用于遗嘱继承。

第六百一十七条　法院裁决父母、子女丧失继承权

法院裁决解除父母与子女的关系的，父母无权继承子女的遗产，子女也无权继承父母的遗产，子女尚未成年的除外。

父母不抚养子女的，无权继承子女的遗产，成年子女不依照法院裁决履行赡养父母义务的，无权继承父母的遗产。

第六百一十八条　法定继承权或者遗嘱继承权丧失情形

具有下列情形之一的，丧失法定继承权或者遗嘱继承权：

（一）以夺取遗产为目的，对被继承人或者其他继承人实施犯罪，致使被继承人或者其他继承人死亡或者伤残，且经法院裁决的，对被继承人或者其他继承人实施的犯罪活动包括故意犯罪及犯罪未遂；

（二）毁损、隐匿或者篡改遗嘱部分或者全部内容；

（三）与被继承人居住在同一省或者同一县，在得知或者应当得知被继承人死亡的情形下，不为被继承人操办丧事，或者不授权其他人代替自身操办丧事；

（四）以威胁手段强迫被继承人订立、收回或者变更遗嘱的全部或者部分内容；

（五）藏匿对被继承人实施犯罪活动的人，且该犯罪活动致使被继承人伤残或者死亡；

（六）毁谤被继承人或者其他继承人，且经法院依照刑法典裁决的。

被继承人作出丧失继承权的书面意思表示后，具有上述情形的继承人丧失继承权。但是，前款第一项、第三项、第五项规定的情形除外。

不服父母对自身不合理行为进行管教或者有能力在父母年老或者生病时予以照顾却不照顾的人，丧失遗产继承权，并可以适用本法第六百一十七条第二款的规定。

第六百一十九条　丧失继承权的撤销

被继承人可以对根据本法第六百一十八条规定作出的丧失继承权的意思表示进行撤销，撤销应当有证明或者见证人。

第五章　遗产管理及继承人对被继承人债务的责任

第一节　遗 产 管 理

第六百二十条　遗产管理

继承人、债权人要求对被继承人的遗产进行管理的，或者在其他必要情形下应当对被继承人遗产进行管理的，继承开始地的村长、公证员或者法院应当采取措施管理遗产，或者指定遗产管理人，以便维护继承人或者债权人合法权益。

第六百二十一条　不得担任遗产管理人的人

具有下列情形之一的人，不得担任遗产管理人：

（一）无民事行为能力的人；

（二）因破产处于禁止担任管理人期间的人；

（三）被法院裁决解除父母与子女关系，以及依照本法第六百一十七条和第六百一十八条的规定丧失继承权的人。

第六百二十二条　遗产管理人的权利义务

遗产管理人有以下权利义务：

（一）在所有继承人的见证下制作遗产清单，不能见证的继承人应当告知遗产管理人；制作遗产清单时，现场见证继承人人数不得低于全体继承人的三分之二；遗产清单应当在指定遗产管理人后一个月内制作完成；

（二）分配遗产前对被继承人的债务进行清偿；

（三）依照继承人应当继承的遗产份额分配遗产。

遗产管理人无权请求支付遗产管理报酬。但是，继承人同意支付的除外。

第六百二十三条　管理无民事行为能力人的遗产

管理无民事行为能力人依照遗嘱继承的遗产，适用本法第五百九十九条的规定。

无民事行为能力人依照法定继承取得的遗产，或者通过遗嘱取得遗产且遗嘱未指定遗产管理人的，由其父母或者监护人进行管理。

未成年的无民事行为能力人年满十八周岁，或者患精神病的无民事行为能力人精神恢复正常的，遗产管理人的权利终止。

第六百二十四条　撤销或者变更遗产管理

公证员或者村长的遗产管理措施不适合实际情形或者违反法律法规的，继承人有权向法院请求撤销或者变更遗产管理措施。

遗产管理人不履行、不充分履行或者不忠实履行遗产管理的责任与义务的，继承人有权向法院请求变更遗产管理人。

第二节 继承人对被继承人债务的责任

第六百二十五条 债务清偿

法定继承人或者遗嘱继承人在继承的遗产范围内对被继承人的债务承担责任。

遗产未分配的，债权人有权向继承人或者遗产管理人要求以遗产清偿被继承人的全部债务。

遗产已分配的，债权人可以要求任一继承人清偿债务，继承人清偿的债务超出按比例应承担的份额的，超出部分由其他继承人平均承担。

继承人因特殊情形无法以所继承遗产的份额对债权人进行清偿的，其他继承人应当均等分担其无法清偿的份额。

被继承人的债务清偿，以遗产为限。

第六百二十六条 债务清偿时效

被继承人的债权人向继承人、遗产管理人、遗嘱执行人请求清偿债务或者向公证机关、村长、法院请求清偿债务的时效为三年，自继承开始之日起计算。

债权人没有在债务清偿时效内请求清偿债务的，无权再请求。但是，债权人有正当理由的除外。

第六百二十七条 遗产处置的范围

在分配遗产前，或者在获得继承遗产的权利凭证之前，遗产管理人或者管理遗产的继承人无权处置遗产。但是，用于下列目的除外：

（一）照看、治疗被继承人或者用于被继承人的丧事的费用；

（二）抚养被继承人监护之人的费用；

（三）被继承人应当支付的劳务费及其他费用；

（四）维护、管理遗产的费用。

第六百二十八条　无法达成一致意见的遗产分配

继承人对遗产分配无法达成一致意见的，由法院根据当事人的请求裁决分配。

第九编　附　　则

第六百二十九条　组织实施

本法由老挝人民民主共和国政府、最高人民法院、最高人民检察院负责组织实施。

在老挝生活、开展商业贸易活动或者从事工作的老挝公民、外国人、获老挝永久居留权的人、无国籍人及所有组织应当遵守本法。

第六百三十条　生效

本法自老挝人民民主共和国国家主席发布主席令三百六十五日之后，以及司法部公布十五日之后生效。

本法生效之前成立并产生权利义务的法律行为仍然有效。但是，法律另有规定的，依照其规定。

本法生效后，《老挝人民民主共和国合同及非合同债务关系法》、《老挝人民民主共和国家庭法》、《老挝人民民主共和国所有权法》、《老挝人民民主共和国继承法》、《老挝人民民主共和国担保法》同时废止。其他法律对民事关系的规定与本法不一致的，适用本法。

老挝人民民主共和国民事诉讼法[①]

（本法于2012年7月4日经第七届国会第三次全会审议通过 2012年8月1日国家主席令第235号颁布施行）

第一章 总 则

第一条 立法目的（修订）

本法规定民事诉讼的原则、规则和措施，以客观、合法、公正地解决民事、商事、家事、未成年人和劳动争议，保护经济社会秩序，保护国家、集体、社会组织、企业权益，保护当事人的合法权益，促进公正，限制和遏制违法行为，教育和培养守法意识，促进国家社会经济的发展。

第二条 民事诉讼程序（修订）

民事诉讼是指与物品、金钱、贵金属、知识产权等有形财产所有权或姓名权、荣誉权等无形财产相关的纠纷。

民事诉讼程序是指人民法院或诉讼参与人依照法律规定处理与民事、商事、家事、未成年人、劳动或其他相关纠纷起诉或申请的诉讼活动。

---

① 《老挝人民民主共和国民事诉讼法》条文序号后标注“修订”的条款，为经过修改的条款，标注“新”的条款，为本次修改新增加的条款。

民事诉讼程序包括民事、商事、家事、未成年人和劳动纠纷的诉讼程序。

第三条 术语解释（新）

以下术语在本法中的含义如下：

（一）起诉是指向人民法院提起处理与民事、商事、家事、未成年人和劳动争议相关纠纷的请求；

（二）申请是指向人民法院提起宣告失踪、土地证遗失、宣告死亡等非争议性问题的认定、证明或者公告的请求；

（三）答辩是指诉讼当事人一方在诉讼过程中，对诉讼相对方庭前提出的主张或请求进行抗辩；

（四）辩论是指诉讼当事人一方对诉讼相对方在庭中提出的有关请求或主张进行反驳；

（五）询问是指在正式开庭前，人民法院问询或获取言词证据；

（六）言词证据是指诉讼当事人和其他参与人通过语言向人民法院表达的信息；

（七）审理是指合议庭开庭时对案件进行的调查；

（八）决定书是指人民法院出具的命令、指令、裁定、判决等法律文书；

（九）命令书是指人民法院出具的涉及查封或者冻结财产、撤销案件、执行调解书等诉讼程序的决定书；

（十）裁定书是指人民法院出具的涉及人民法院职权、法庭职权、不予受理、宣告死亡等事项的决定书；

（十一）初审判决是指由初审人民法院出具的判决；

（十二）上诉判决是指上诉人民法院或终审人民法院作出的判决；

（十三）上诉是指对初审人民法院出具的命令书、决定书或裁定书提起上诉或预上诉的程序；

（十四）上诉状是指诉讼当事人或第三人不服初审人民法院的决定、裁定或判决提出的诉状；

（十五）终审是指不服上诉审作出决定、裁定或判决提出预上诉或终审请求；

（十六）终审诉状是指诉讼当事人或第三人不服上诉人民法院的决定、裁定或判决提出的诉状；

（十七）生效判决书是指未启动上诉或终审的裁决书、判决书，以及在法定期限内上诉或申请终审但未改判的裁决书、判决书；

（十八）财产扣押是指依照人民法院的命令对与案件相关的动产实行扣留；

（十九）财产冻结是指依照人民法院的命令禁止对与案件相关的动产或者不动产，包括银行账户存款进行变卖、赠与、转移、交换、抵押、担保、添附、修理、毁坏或者变更等行为；

（二十）监视居住是指人民法院命令禁止某一方当事人进入或者离开某一地点或出境；

（二十一）传票是指人民法院传唤原告、被告、第三人以及其他诉讼参与人的法律文件；

（二十二）邀请书是指人民法院邀请人民检察院、组织或者企业代表参与诉讼程序的法律文件；

（二十三）其他司法文书是指其他与诉讼有关的法律性文件，如拘传令、庭审笔录、证言记录；

（二十四）诉讼当事人信息是指原告、被告的姓名、年龄、职业和住址信息；

（二十五）诉讼全面性是指审理民事诉讼案件应全面审查原告提交的证据、被告的答辩以及第三人的证据；

（二十六）诉讼完整性是指审理民事诉讼案件应收集与案件相关的所有信息和资料；

（二十七）诉讼客观性是指审理民事诉讼案件应以证据、法律和公正为依据。

第四条　民事诉讼政策（新）

国家制定政策和法律法规、提供预算、培养人才、提供设施设备为民事诉讼创造便利条件，促进司法公正。

国家促进法律宣传和培训，使人民了解、理解法律，创建条件让人民参与司法活动，保障诉讼当事人参与诉讼的合法权利、义务。

第五条　保护（新）

法律依法保护人民法院的审判员和其他工作人员以及民事案件诉讼参与人的生命、人身、人格、家庭或个人财产不受侵害。

第六条　适用范围（新）

老挝公民、外国人、侨民、无国籍人之间在老挝人民民主共和国境内发生的，以及老挝公民之间在老挝人民民主共和国境外发生的，或外国人之间发生但在合同中约定适用老挝司法程序的民事、商事、家事、未成年人和劳动诉讼案件适用本法。

第七条　国际合作（新）

国家依照所缔结的国际条约和协定，促进与外国、地区和国际组织开展与民事诉讼相关的经验、人民法院信息、科技的交流，提高审判员的知识水平和能力。

第二章　民事诉讼基本原则

第八条　民事诉讼基本原则（新）

民事诉讼应遵循以下基本原则：

（一）人民法院独立审判原则；

（二）诉讼当事人平等原则；

（三）辩论原则；

（四）合议庭合议原则；

（五）审判员独立原则；

（六）老挝语审理原则；

（七）公开审理原则；

（八）审判员不得再次参与同一案件的审理原则；

（九）全面客观审理原则；

（十）调解优先原则；

（十一）回避原则；

（十二）不诉不理原则。

第九条　案件审理中的职权（修订）

人民法院审理诉讼案件应严格遵守法律。

有本法第一百六十五条规定情形的，人民法院有义务在收集、审查和评定证据后对案件进行调解或审理。

第十条　当事人在人民法院和法律面前一律平等原则（修订）

民事诉讼遵循老挝公民、外国人、无国籍人在人民法院和法律面前一律平等原则，无性别、种族、民族、社会地位、语言、受教育程度、职业、信仰及其他方面的歧视。

人民法院为老挝公民、外国公民作为诉讼当事人提供诉讼便利条件，坚持诉讼当事人地位平等的原则，全面完整地收集证据，保障诉讼案件依据事实依法判决。

第十一条　辩论与反驳（新）

在诉讼过程中，人民法院应保证诉讼当事人发表意见、辩论和依据证据反驳对方的权利。

合议庭审理案件时，应保证诉讼当事人举证、解释证据和反驳对方证据的权利。

第十二条　合议庭合议原则（修订）

县级人民法院、省级人民法院、区域人民法院、最高人民法院审理案件时，由三名审判员组成合议庭，其中一名审判员担任审判长。

合议庭裁决案件时，应保持中立。

合议庭裁决案件时，少数服从多数。

第十三条　审判员独立原则（修订）

审理案件和作出裁决时，审判员应只遵守法律规定，保持独立。

第十四条　诉讼中使用的语言（修订）

民事诉讼案件审理过程中使用老挝语。

在民事诉讼案件审理过程中，诉讼当事人不能使用老挝语的，可以使用自己的语言，并由翻译进行翻译。

第十五条　公开审理原则（修订）

合议庭审理案件应公开，但涉及国家秘密、社会秘密以及个人隐私、未成年人的案件除外。

所有案件的宣判应公开。

第十六条　审判员不得再次参与同一案件的审理原则（修订）

凡在一个审判程序中参与过案件审判工作的工作人员，不得再参与该案其他程序的审判，但是法律或上级人民法院有特别规定的除外。

第十七条　客观全面完整审理案件原则（修订）

人民法院要采取各种措施，保证全面、客观地收集与案件相关的证据，特别是案件焦点问题的原因和矛盾焦点应透明、公开，保证裁决正确公平。

人民法院开庭时，应宣读诉讼当事人的权利与义务，保障人民法院收集证据，向诉讼当事人进行解释并让其依法履行相关法律义务。

第十八条　调解优先原则（新）

各级人民法院在审理民事诉讼案件时应对诉讼当事人进行调解，促进双方当事人和解。

第十九条　回避原则（修订）

与诉讼案件或诉讼当事人有利害关系的检察官以及人民检察院指派的其他工作人员，参与诉讼活动的书记员、技术人员、翻译与诉讼当事人有亲属关系的，应主动回避。上述人员未主动回避的，诉讼当事人有权申请其回避。

第二十条　不诉不理原则（新）

人民法院仅对原告、被告或诉讼第三人提交的起诉、反诉和申请涉及的争议事项进行审理。无权审理起诉、反诉和申请之外的事项。但是，涉及国家、社会或未成年人利益的除外。

第三章　民事诉讼中人民法院的职权

第一节　民事诉讼中各级人民法院的职权

第二十一条　县级人民法院的职权（新）

县级人民法院具有以下职责：

（一）教育诉讼当事人，调解纠纷；

（二）审理以下初审诉讼案件：

1. 诉讼的财产标的额不超过三亿基普的民事、劳动、家事纠纷；

2. 无财产标的的纠纷，但商事和未成年案件除外；

3. 法律规定的其他纠纷。

（三）作出初审判决书、裁定书和决定书；

（四）经省级人民法院批准，将具有管辖权但不宜审理的重大影响或特殊案件移送省级人民法院审理；

（五）将已生效或决定先予执行的判决书、裁定书或决定书及其卷宗移送执行机关执行；

（六）将作出的判决书、裁定书或决定书报告上级人民法院和同级人民检察院检查监督。

第二十二条　省级人民法院的职权（新）

省级人民法院具有以下职权：

（一）审理诉讼标的额超过三亿基普和区域人民法院不受理的案件；

（二）作出诉讼案件的裁定、决定；

（三）教育诉讼当事人，调解纠纷；

（四）审理诉讼当事人不服县级人民法院作出的判决、裁定的上诉案件，以及县级或省级人民检察院抗诉案件；

（五）经院长决定，审理具有重大影响或存在特殊情况，县级人民法院有管辖权但其不宜审理的案件；

（六）将已生效或决定先予执行的判决书、裁定书或决定书及其卷宗移送执行机关执行；

（七）将作出的判决书、裁定书或决定书报告上级人民法院和同级人民检察院检查监督；

（八）审查、认定执行外国人民法院或仲裁机构的判决、裁决；

（九）法律规定的其他案件。

第二十三条　区域人民法院的职权（新）

区域人民法院具有以下职权：

（一）作为上诉法院审理诉讼当事人不服省级人民法院作出的判决、裁定的案件，以及省级或同级人民检察院抗诉案件；

（二）作为终审法院审理诉讼当事人不服省级人民法院作出的判决、裁定的案件，以及省级或同级人民检察院抗诉案件；

（三）审理、作出与案件相关的裁定、决定；

（四）将已生效的判决书、裁定书或决定书及其卷宗移送执行机关执行；

（五）在移送执行前，应将作出的终审判决书、裁定书或决定书交县级人民法院向诉讼当事人宣布；

（六）将作出的判决书、裁定书或决定书报告上级人民法院和同级人民检察院检查监督。

第二十四条　最高人民法院的职权（新）

最高人民法院具有以下职权：

（一）终审诉讼当事人不服区域人民法院作出的判决、裁定的上诉案件，以及最高人民检察院抗诉的案件；

（二）受理最高人民检察院申请重审的判决、裁定、决定已生效的案件；

（三）审理作出与案件相关的裁定、决定。

第二十五条　人民法院的管辖权（修订）

事故发生地、争议产生地、财产所在地、被告住所地或居住地人民法院对纠纷有管辖权。

第二十六条　人民法院管辖权争议的处理（修订）

人民法院对案件管辖权存在争议时，由最先接到起诉状的人民法院向最高人民法院请示，由最高人民法院决定管辖法院。

第二十七条　人民法院法庭对案件管辖权争议的处理（修订）

案件审理过程中，人民法院不同法庭对案件存在管辖权争议时，由院长决定。院长决定后，无管辖权的法庭终止案件审理，并将案件移送新的有管辖权的法庭审理。

第二十八条　移送管辖（新）

人民法院受理案件后发现无管辖权的，应依法作出决定将案件移送有管辖权的人民法院。撤销案件受理并告知诉讼当事人，将案件受理费、庭审费和案卷移送有管辖权的人民法院。

受移送人民法院拒绝接受案件移送的，移送的人民法院应向最高人民法院提出申请，由最高人民法院决定受理法院。

第二十九条　无财产诉讼案件（新）

无财产诉讼案件是指确定亲子关系、解除或撤销合同、遗失土地证的司法确认、拒绝拆迁等与民事法律关系相关但不具有财产争议的诉讼。

无财产诉讼案件由县级人民法院管辖，但商事和未成年相关案件除外。

第三十条　审理期限（新）

民事诉讼案件应在以下期限内审结：

（一）初审案件应在审判员收到卷宗后九个月内审结；

（二）上诉案件应在审判员收到卷宗后四个月内审结；

（三）终审案件应在审判员收到卷宗后三个月内审结，再审案件应在审判员收到卷宗后二个月内审结。

复杂案件不能在法定期限内审结的，审判长应向院长请示延长审限，延长期限不得超过三个月，但经审判委员会决定的复杂疑难案件除外。

案件中止或延期的期限不计入法定期限内。

第二节　民事法庭的职权

第三十一条　民事法庭的职权（修订）

以下案件由民事法庭审理：

（一）所有权纠纷和遗产纠纷；

（二）民事关系纠纷，但本法第三十七条规定的商事诉讼除外；

（三）追偿赔偿金纠纷；

（四）行政关系纠纷。

第三十二条　行政关系纠纷

行政关系纠纷包括以下不涉及刑事犯罪的行政纠纷案件：

（一）选举委员会不能解决的选举人资格纠纷的案件；

（二）行政部门职员被罚款，乱收不合法收入的案件；

（三）违法没收财产案件；

（四）在行政范围内违法的其他案件。

第三十三条　民事法庭在审理中的职权（新）

民事法庭有权审判以下案件：

（一）申请财产或遗产保管；

（二）审理证明土地证遗失；

（三）征收无主之产；

（四）审理人民法院或外国仲裁机构的民事裁决；

（五）其他民事诉讼案件。

第三节　劳动法庭的职权

第三十四条　劳动争议案件

劳动管理机构或劳动仲裁委员会不能处理的劳动争议案件，由人民法院劳动法庭处理，包括：

（一）劳动合同纠纷；

（二）违法解除劳动合同赔偿金纠纷；

（三）工伤或职业病赔偿纠纷；

（四）劳动报酬或工资纠纷；

（五）其他劳动争议。

第三十五条　劳动纠纷解决（新）

雇佣方与劳动者之间产生的与法律法规相关争议或与权益相关争议，争议双方应依照劳动法、工会法、劳动组织规章和劳动规章制度合法处理。

争议双方达成全部或部分和解意见的，应在双方以及见证人的见证下制作调解书。调解书签订后五日内，应提交各自的工会组织、劳动管理机构，保障执行。

劳动者或雇佣方不履行调解书的，另一方有权申请劳动管理机构依照劳动法规定依法处理。

经劳动管理机构调解不能达成和解意见或不能达成和解意见的部分，可在十五日内向人民法院起诉。

第三十六条　劳动争议的审理（新）

人民法院应依照法定程序调解、审理劳动纠纷。

第四节　商事法庭的职权

第三十七条　商事法庭受理诉讼案件范围（修订）

商事法庭受理以下诉讼：

（一）股权合同纠纷；

（二）信贷合同、证券、支票等经济、贸易合同或商事单证纠纷；

（三）商业借贷合同纠纷；

（四）企业破产与清算；

（五）进出口贸易纠纷、保险纠纷；

（六）著作权、商标权、专利权等知识产权纠纷以及知识产权法规定的其他纠纷。

第三十八条　商事法庭受理申请案件范围（新）

商事法庭受理以下申请：

（一）认定或执行仲裁委员会的经济纠纷裁决或决定；

（二）认定或执行经济纠纷仲裁法中规定的仲裁机构裁决、外国仲裁机构判决、民间经济纠纷及特许经济纠纷的裁决或决定；

（三）认定或执行仲裁委员会、经济纠纷调解机构、民间经济纠纷或特许经济纠纷调解机构依照经济纠纷仲裁法和知识产权法的相关规定，决定采取的扣押、冻结财产或者其他诉讼措施；

（四）对破产或撤销的法人采取相关措施；

（五）知识产权保护；

（六）其他商事案件。

知识产权保护在专门规章中规定。

第三十九条　商事法庭案件审理

省级人民法院商事法庭有权对商事案件进行初审。

商事法庭应公正、高效、正确审理案件，以促进经济有效发展。

商事法庭应保护参与案件的个人、组织的隐私权。

商事法庭应按照经济法、知识产权法和其他国内和国外的相关经济原则审理案件。

商事法庭还应依据一般诉讼原则审理案件。

第四十条　诉讼前的债权主张（修订）

向人民法院起诉前，债权人应先向债务人主张债权，进行债务清算与和解。和解不能的，债权人可以向人民法院起诉，并同时申请人民法院责令债务人提供财产清单或证明文件。为保障债权得以实现，债权人可以申请人民法院作出扣押或冻结债务人财产的命令。

第四十一条　商事法庭调解（修订）

商事法庭在判决前，应尽力促成双方当事人和解。

债权人和债务人达成和解的，人民法院应及时作出执行决定，债务应一次性清偿完毕。债务人不能一次性清偿的，可分期偿还，但第一次偿还的数额不得低于全部债务的三分之一，债权人和债务人达成其他清偿决定的除外。

第四十二条　审查仲裁委员会的仲裁结果（修订）

当事人对于未履行的仲裁委员会作出的调解书、裁决书，有权向人民法院提起审查申请。

人民法院收到当事人提交的审查申请后，应当于十五日内进行审查并依法作出决定。

人民法院依法审查，若仲裁裁决、调解书符合老挝法律规定及参加的国际条约的要求，不影响国家稳定以及社会和环境安全，应作出具有强制执行效力的判决。该判决立即生效且不得上诉。

人民法院经审查认为仲裁结果有以下违反法律规定情形的，不予认定：

（一）仲裁当事人无民事行为能力，仲裁裁决无法律依据，或违反法律规定；

（二）仲裁当事人依据仲裁法的相关规定，不予认可仲裁裁决；

（三）裁决尚未生效或被撤销、中止；

（四）当事人争议不属于仲裁法规定的仲裁范围；

（五）属于经济纠纷调解机构依法无权受理的争议；

出现上述情形的，当事人有权向仲裁委员会或者经济纠纷调解机构申请新仲裁或依法向人民法院提起诉讼。

第四十三条　商事案件的判决

人民法院对商事案件进行判决后，当事人未上诉也未提出反对意见的，将由人民法院执行部门进行执行。

第五节　家事法庭的职权

第四十四条　家事法庭的受案范围（修订）

家事法庭负责受理以下家事诉讼案件：

（一）离婚、分割夫妻共有财产和债务的婚姻关系纠纷；

（二）子女抚养费请求纠纷；

（三）无劳动能力或精神病人的夫或妻、父或母以及未成年子女的扶养费请求纠纷；

（四）家庭关系确定纠纷；

（五）未成年子女监护权纠纷；

（六）解除父、母对子女权利纠纷；

（七）抚养权纠纷；

（八）亲子关系确定纠纷；

（九）确认未成年人姓、名或国籍权益纠纷；

（十）因婚约、彩礼、婚前性关系等造成损失的追偿纠纷。

第四十五条　家事法庭受理申请的职权（新）

家事法庭受理以下申请：

（一）撤销无效、违法婚姻关系的申请；

（二）确认因非自愿结婚导致的离婚申请；

（三）非自愿结婚的，离婚后夫妻共同财产的分割申请；

（四）离婚后未成年子女监护权变更的申请；

（五）父亲或母亲对子女权利限制措施的申请；

（六）离婚后父亲或母亲对子女探视权的申请；

（七）与家事诉讼相关的其他申请。

第四十六条　家事法庭处理诉讼案件的调解

开庭审理前，人民法院应邀请夫妻双方父母、亲属努力开展调解工作，促使夫妻双方和好，放弃离婚请求。

经调解，夫妻双方和好的，人民法院应作出调解书，撤销离婚诉讼。

经调解，夫妻双方不能和好的，人民法院将给予夫妻三个月的冷静期。

夫妻双方在人民法院指定的冷静期内不能和好的，人民法院依法对离婚请求作出判决。

第四十七条　分割共同财产和子女监护权

依照家庭法的规定分割夫妻共同财产。

夫妻离婚时，不满七周岁的子女，除女方拒绝抚养或没有抚养能力外，人民法院应将监护权判决给女方。已满七周岁的子女，人民法院应征询子女意愿。

离婚的男女双方均拒绝抚养或不适合抚养子女的，人民法院可以判决第三人作为未成年子女的监护人。

第四十八条　抚养费（修订）

离婚时主张抚养费，夫妻双方有共同财产的，共同财产的三分之一作为子女抚养费。共同财产不足以支付抚养费的，抚养义务人应依照家庭法规定的标准每月支付抚养费。

夫妻无共同财产的，人民法院应判决抚养义务人每月最低按照公务员月工资一半的标准支付抚养费。共同财产为家庭共同居住房屋的，与子女同住的一方对房屋具有优先权。抚养义务人应得房屋价值高于应当承担的抚养费的，获得房屋一方应当补偿另一方高出部分的房屋价值。

离婚后子女抚养依照家庭法的规定。

第四十九条　剥夺监护权（修订）

子女未满十八周岁时，经子女父或母、近亲属或人民检察院申请，可以依照家庭法规定的条件剥夺父或母的监护权。

已满十八周岁的子女未按规定或人民法院判决履行赡养义务或虐待父母的，人民法院可以受理剥夺该子女监护权的诉讼。

第五十条　家庭关系诉讼案件的审理（新）

人民法院审理离婚纠纷、抚养权纠纷、确认亲子关系纠纷、子女赡养父母纠纷等家庭关系诉讼，依照家庭法有关规定执行。

第六节　未成年人法庭的职权

第五十一条　未成年人法庭的受案范围

未成年人法庭负责审理以下案件：

（一）未成年人侵权赔偿纠纷；

（二）非法使用童工纠纷；

（三）未成年人间侵权责任纠纷；

（四）侵害未成年人权益纠纷。

审理未成年人案件过程中，未成年的诉讼当事人年满十八周岁且具有民事行为能力的，未成年人法庭应继续将案件审理完毕。未成年人上诉或终审案件，上级人民法院未成年人法庭有权继续审理案件。

第五十二条　未成年人法庭的职权（新）

未成年人法庭审理案件的职权如下：

（一）审理指定未成年人监护人的申请；

（二）审理未成年人的监护、教育的申请；

（三）审理非法对待未成年人的行为；

（四）审理未成年人的财产监护人申请；

（五）审理采取措施保护未成年人权利和利益的申请；

（六）其他涉及未成年人的申请。

第五十三条　未成年人案件审理（修订）

未成年人侵权赔偿纠纷，由未成年人父母或监护人参与诉讼，并承担民事责任。

审理未成年人案件，结合案件实际情况适用普通诉讼程序。

第四章　审　判　员

第一节　诉讼案件责任人

第五十四条　人民法院诉讼案件责任人

民事诉讼案件的责任人包括：

（一）人民法院院长、副院长；

（二）庭长、副庭长；

（三）审判员；

（四）助理审判员；

（五）书记员；

（六）司法鉴定人员。

第五十五条　人民法院院长、副院长的职权（新）

民事诉讼案件中，人民法院院长、副院长监督各法庭依照人民法院法的规定履行职责。

人民法院院长、副院长审理具体案件时，应担任审判长。

第五十六条　庭长、副庭长的职权（新）

庭长、副庭长具有以下职权：

（一）监督和指派具体审判员承办案件；

（二）监督、检查诉讼案件的评议。

副庭长协助庭长工作，按照庭长的授权负责具体工作。庭长不能履行职务时，副庭长按照授权履行庭长职务。

庭长、副庭长为审判员的，履行本法第五十七条规定的职责。

第五十七条　审判员的职权（新）

审判员具有以下职权：

（一）制定承办案件的审理计划；

（二）研究承办的具体案件；

（三）授权助理审判员参与案件研究；

（四）听取诉讼案件的原告、被告和第三人意见；

（五）接收、研究诉讼参与人的申请；

（六）收集与案件相关的证据；

（七）作出决定、命令或采取诉讼措施；

（八）决定案件的中止审理；

（九）调解、开庭审理；

（十）作为合议庭成员参与案件审理；

（十一）指令书记员向诉讼当事人或参与人发出传票；

（十二）撰写承办案件的判决书或裁定书；

（十三）获得审理工作的报酬和待遇；

（十四）获得免受生命、人身胁迫，自身或家庭名誉、财产损害的法律保护；

（十五）法律规定的其他职权。

第五十八条　助理审判员的职权（新）

助理审判员在诉讼活动中具有以下职权：

（一）协助审判员审理案件；

（二）协助审判员听取诉讼案件的原告、被告和第三人意见；

（三）协助审判员收集与案件相关的证据；

（四）参加案件的调解、开庭审理；

（五）向承办审判员作案件审理报告；

（六）协助审判员撰写承办案件的判决书或裁定书；

（七）获得工作报酬和待遇；

（八）获得免受生命、人身胁迫，自身或家庭名誉、财产损害的法律保护；

（九）法律规定的其他职权。

第五十九条　书记员的职权（新）

书记员具有以下职权：

（一）接收和检查起诉状、答辩状、反诉状、上诉状和其他与案件相关的文书；

（二）整理卷宗、记录诉讼请求、制作诉讼清单和证据目录；

（三）依照审判员的决定发出传票、出庭通知；

（四）记录案件调解和审理过程中的意见；

（五）负责庭审准备工作，检查诉讼参与人身份，向诉讼参与人宣布法庭规则；

（六）向诉讼当事人说明人民法院判决或裁定的理由，并告知诉讼当事人上诉的权利；

（七）依照法律规定签署判决书、裁定书或其他法律文书；

（八）制作案件费用清单，依法收取、管理案件受理费和处理费，统计案件，送达判决书、裁定书或其他相关的法律文书；

（九）获得工作报酬和待遇；

（十）获得免受生命、人身胁迫，自身或家庭名誉、财产损害的法律保护；

（十一）法律规定的其他职权。

第六十条　司法鉴定人员的职权（新）

司法鉴定人员的职权另行规定。

第二节　人民检察院在民事诉讼案件中的职权

第六十一条　人民检察院在民事诉讼案件中的责任人（新）

人民检察院在民事诉讼案件中的责任人包括：

（一）检察长、副检察长；

（二）检察员；

（三）助理检察员。

第六十二条　人民检察院在民事诉讼案件中的作用（修订）

人民检察院以法律监督者的身份参与民事诉讼案件，或以原告身份参与维护国家、社会公共利益或维护无民事行为能力人、精神病人、没有监护人的未成年人权益的民事诉讼案件。

第六十三条　人民检察院监督人民法院执行法律（修订）

人民检察院有权参与民事诉讼案件，监督人民法院执行法律，全面、准确、客观、公正地作出裁决。

人民检察院检察长可以参与诉讼案件的审理和宣判。

第六十四条　人民检察院检察长、副检察长监督人民法院执行法律的职权（新）

人民检察院检察长、副检察长有以下监督人民法院执行法律的职权：

（一）检查诉讼案卷中的证据；

（二）提请人民法院审查案件中不明确的问题；

（三）必要时，参与诉讼案件审理，询问诉讼当事人，监督庭审和宣判活动；

（四）认为判决或裁定违法时，提出抗诉；

（五）法律规定的其他职权。

人民检察院副检察长协助检察长履行职责，并按照检察长授权负责具体工作。检察长不能履行职责时，依照授权履行检察长职责。

第六十五条　检察员监督人民法院执行法律的职权（新）

检察员有以下监督人民法院执行法律的职权：

（一）检查诉讼案卷中的证据和起草检察院检察长声明；

（二）依法参与诉讼案件审理，询问诉讼当事人，监督庭审和宣判活动；

（三）认为判决或裁定违法时，提出异议；

（四）法律规定的其他职权。

第六十六条　人民检察院检察长在公益民事诉讼中作为原告的职权（修订）

涉及国家或社会公共利益的民事诉讼案件，没有任何组织或企业提起诉讼的，人民检察院检察长有权依照法律规定以原告身份向人民法院提起民事诉讼。

人民检察院检察长在上述民事诉讼案件中履行原告的职责。

人民检察院检察员可以依照授权在上述民事诉讼案件中履行诉讼当事人的职责。

第六十七条　助理检察员的职权（新）

助理检察员的职权由人民检察院法和相关法规规定。

第六十八条　人民检察院在民事诉讼案件中的责任和义务（新）

人民检察院参与民事诉讼活动，监督人民法院执行法律。作为原告提起公益民事诉讼时，人民检察院检察长有以下职权：

（一）依照人民法院的出庭通知参与庭审；

（二）依照法律规定移送案件卷宗；

（三）保守与案件相关的秘密；

（四）保持中立；

（五）对自身存在的不当行为承担责任。

第五章　诉讼案件参与人

第一节　诉讼案件参与人

第六十九条　诉讼案件参与人（修订）

诉讼案件参与人包括：

（一）诉讼当事人；

（二）第三人；

（三）证人；

（四）司法鉴定人员；

（五）翻译；

（六）律师或其他代理人。

第七十条　诉讼当事人（修订）

诉讼当事人包括原告和被告。

原告是指认为权益被他人侵害，向人民法院提出诉讼请求的自然人、企业或其他组织。

被告是指被他人起诉认为侵害权益的自然人、企业或其他组织。

第七十一条　诉讼当事人的条件（新）

自然人作为诉讼当事人应年满十八周岁且精神正常。未满十八周岁或精神不正常的人，应由父母或者监护人作为诉讼当事人参与诉讼案件。

依照老挝人民民主共和国或相关国家法律合法设立的组织，以及满足本法第三百六十一条规定的组织可以成为诉讼当事人。

其他人经合法委托可以代理人身份参与诉讼案件。

第七十二条　诉讼当事人的权利义务（修订）

诉讼当事人在诉讼活动中地位平等。

诉讼当事人具有以下权利：

（一）提交起诉状、申请书、答辩状或反诉状；

（二）申请审判员、检察员、书记员、司法鉴定人员或者翻译回避；

（三）收集和提供证据，申请调解、参与案件审理；

（四）申请保全；

（五）申请人民法院不公开审理案件；

（六）申请人民法院收集诉讼当事人不能获得的证据，询问证人，申请专家辅助人出庭对证据发表意见或检查争议相关问题；

（七）对其他诉讼参与人发问；

（八）申请查阅、复印或摘抄案件卷宗，但应保守商业或其他秘密；

（九）聘请律师或其他代理人代理案件；

（十）案件审理或开庭时，通过书面或口头方式发表意见；

（十一）申请人民法院追加第三人参与案件；

（十二）申请中止或继续案件审理；

（十三）对人民法院的命令、决定、裁定书或判决书提起上诉，依照法律不能上诉的决定除外；

（十四）对审判员不当行为提出申诉；

（十五）申请执行人民法院生效判决；

（十六）法律规定的其他权利。

诉讼当事人具有以下义务：

（一）按照人民法院传票要求亲自或委托诉讼代理人参与案件；

（二）提交证据证明自己起诉、答辩、反诉或申请的主张；

（三）参与案件审理，执行人民法院命令和法庭规则；

（四）诚信参与案件审理，行使诉讼权利；

（五）按照人民法院判决承担案件受理费和案件处理费；

（六）履行法律规定的其他义务。

第七十三条　原告的权利义务（修订）

除本法第七十二条规定的权利义务外，原告还有变更诉讼请求、增加或减少诉讼标的、撤回起诉的权利，以及按照人民法院传票要求出庭的义务。原告收到传票，无正当理由未按照传票要求出庭的，超过三次后人民法院将不审理原告起诉，且原告就起诉争议丧失诉讼权利。

原告撤诉或与被告达成和解的请求违反法律规定，损害社会秩序和安全，损害国家、社会和他人利益的，人民法院不予准许。

第七十四条　被告的权利义务（修订）

除本法第七十二条规定的权利义务外，被告还有认可或否认原告全部或部分起诉的权利，有对原告提出反诉的权利，以及按照人民法院传票要求出庭的义务。被告收到传票，无正当理由未按照传票要求出庭超过三次，人民法院可以拘传或按照原告的起诉作出判决。

被告认可原告的起诉或与原告达成和解的请求违反法律规定，损害社会秩序和安全，损害国家、社会和他人利益的，人民法院不予准许。

第七十五条　诉讼第三人（修订）

诉讼第三人是与案件相关，为维护自身权益而参与案件的个人、组织或企业。

诉讼第三人不是案件的直接原告或者被告，但以原告方或被告方的地位参与诉讼。

第七十六条　诉讼第三人的权利义务（修订）

诉讼第三人包括提出诉讼请求的第三人和未提出诉讼请求的第三人。

提出诉讼主张的第三人自参与诉讼至人民法院判决作出之日，依照本法第七十三条的规定履行原告的权利义务。

未提出诉讼请求的第三人具有以下权利义务：

（一）作为原告方或被告方参与诉讼；

（二）依照诉讼当事人的申请、人民检察院或人民法院的通知参与诉讼；

（三）履行诉讼当事人的权利义务，但无权变更诉讼请求、增加或减少诉讼标的、撤诉、认可诉讼请求、调解、申请执行人民法院判决。

第七十七条　请求恢复工作的诉讼第三人

在申请复工的诉讼中，人民法院可将作出解雇决定或要求移交工作的人列为诉讼第三人。解雇或要求移交行为违法的，人民法院应作出恢复其工作的决定，并要求违法行为人赔偿全部损失。

第七十八条　诉讼权利的承继（修订）

有以下情形之一的，人民法院允许诉讼权利承继：

（一）诉讼当事人死亡的，但作为父母、子女等专属于本人的权利除外；

（二）已注销或者破产的法人；

（三）诉讼当事人依照合同和非合同关系法将权利或者义务转

移给其他人。

诉讼权利承继可以发生在诉讼全过程。诉讼当事人的所有权利、义务和行为，对承继的人具有法律效力。

第七十九条　诉讼中实行诉讼权利承继的方法

诉讼权利承继人在承继诉讼权利后，应将申请书及承继诉讼权利的相关证明文件送至人民法院进行审查。

审查通过的，人民法院应作出变更当事人信息的决定，包括起诉状、案卷中的当事人信息。

第八十条　证人

证人是知晓争议事实实际和客观情况的人。

聋人、哑人、智力低下、精神失常、未满十八周岁的未成年人，以及与诉讼当事人一方具有近亲属关系的人，可以陈述案件相关情况，但不得作为证人。

第八十一条　证人的权利义务（修订）

证人有以下权利：

（一）当庭陈述；

（二）核对陈述笔录；

（三）要求修改、增加陈述笔录或补充陈述；

（四）对审判员的不当行为进行申诉；

（五）获得免受生命、人身胁迫，自身或家庭名誉、财产损害的法律保护。

证人有以下义务：

（一）依照人民法院传票出庭；

（二）依据事实如实准确陈述；

（三）对陈述的内容或不愿意作证的后果承担法律责任。

证人患病、年老、丧失行动能力或不能依照人民法院传票要求出庭的，人民法院可以在证人所在地询问证人证言。

申请证人出庭的，应陈述理由，向人民法院提供证人姓名、详细住址，并依照法律法规的规定承担证人出庭的费用。

第八十二条　司法鉴定人员（修订）

司法鉴定人员是具有专门知识和经验，可以对与自身专业相关问题提供专业意见的人。

对证据存在科学、技术、商业、会计和其他疑问的，人民法院应依照诉讼当事人的申请或自行决定，委托司法鉴定人员对专门问题开展鉴定。

司法鉴定人员应依照人民法院决定的范围对证据开展鉴定。司法鉴定人员应在规定的期限内，以自己的名义作出鉴定意见提交人民法院，并对司法鉴定意见承担法律责任。

司法鉴定可以由多名鉴定人员共同鉴定或根据需要多次鉴定。

重新鉴定的，鉴定人员人数应多于前次鉴定。

没有司法鉴定人员的，可以指定具有经验的专业人员代替。

第八十三条　司法鉴定人员权利义务（新）

司法鉴定人员具有以下权利：

（一）为使得鉴定意见准确和清晰，要求补充提供证据；

（二）依照人民法院决定获得鉴定报酬；

（三）对鉴定意见进行解释说明；

（四）发现与鉴定相关的新证据时增加、修改鉴定意见；

（五）获得免受生命、人身胁迫，自身或家庭名誉、财产损害的法律保护。

司法鉴定人员具有以下义务：

（一）依照专门技术规范准确鉴定和陈述；

（二）在人民法院决定的期限内提供司法鉴定意见；

（三）依照人民法院的通知出庭解释说明鉴定意见；

（四）对鉴定意见承担法律责任；

（五）依照人民法院的决定对司法鉴定过程中获得的信息保密。

第八十四条　翻译

翻译是指具有翻译知识、能力和经验，参与诉讼案件并提供老挝语翻译的人。

翻译对翻译工作承担责任，并应履行保密义务。

第八十五条　翻译的权利义务（新）

翻译具有以下权利：

（一）有权了解、研究案件相关信息；

（二）按照规定获得翻译报酬；

（三）获得免受生命、人身胁迫，自身或家庭名誉、财产损害的法律保护。

翻译具有以下义务：

（一）准确翻译文件或言词内容；

（二）接受人民法院指派提供翻译服务；

（三）对翻译工作承担责任；

（四）依照人民法院的命令保守案件秘密。

第八十六条　律师或其他代理人

律师或其他代理人是指为了保护诉讼当事人合法权益而参与诉讼案件的人。

其他代理人可以是组织、企业的员工，夫妻、父母、监护人或近亲属。

律师或其他代理人有权参与诉讼案件的所有程序。

第八十七条　律师或其他代理人权利义务（新）

律师或其他代理人有以下权利：

（一）与诉讼当事人沟通协商；

（二）提交起诉状、申请书或答辩状、反诉状；

（三）查阅、复印或摘抄卷宗材料，但应保守商业秘密或其他秘密信息；

（四）向人民法院提交与诉讼有关的证据；

（五）参与案件审理，发表意见；

（六）申请审判员、检察员、书记员、司法鉴定人员或者翻译回避；

（七）对审判员不正确的决定或行为提出异议；

（八）对人民法院的命令、决定、裁定、判决提出上诉审、终审，但本法有特别规定的除外；

（九）获得免受生命、人身胁迫，自身或家庭名誉、财产损害的法律保护；

（十）法律法规规定的其他权利。

律师或其他代理人有以下义务：

（一）依法维护被代理人的合法权利；

（二）为被代理人提供法律帮助；

（三）遵守职业道德，提供证据保障诉讼案件裁判准确和公正。

第二节　诉讼代理人

第八十八条　诉讼代理人（新）

诉讼代理人是在诉讼过程中代表诉讼当事人行使权利、履行义务的人。

诉讼代理人包括法定代理人和委托诉讼代理人。

第八十九条　法定代理人（修订）

法定代理人是非经委托人任命或委托而参与诉讼的人。

法定代理人包括以下人员：

（一）未成年人、精神病人、植物人、智力低下的人、聋人、哑人的父母或监护人；

（二）被指定管理、保护失踪人财产的管理人；

（三）已死亡或被人民法院宣告死亡的人的继承人的代表人，该代表人负责管理被继承人未处置的财产；

（四）夫妻共同债权债务关系中的夫妻一方。

除此之外，合法管理他人财产的人，为其法定代理人。

第九十条　法定代理人的权利义务（新）

法定代理人的权利义务与本法第七十二条规定的诉讼当事人权利义务相同。

法定代理人作为诉讼当事人的代表，以诉讼当事人的名义行使权利、履行义务，但有权维护自己的个人利益。

第九十一条　委托诉讼代理人（修订）

委托诉讼代理人是经诉讼当事人本人或监护人委托，以及人民法院指定有权参与诉讼的人。

委托诉讼代理人包括：

（一）律师；

（二）与企业、组织相关的诉讼案件中经企业、组织授权的员工；

（三）诉讼一方当事人共同委托的诉讼当事人；

（四）人民法院指定的代理人；

（五）经原告、被告或第三人授权的其近亲属。

第九十二条　委托诉讼代理人的权利义务（新）

委托诉讼代理人按照委托合同的约定行使权利、履行义务。

委托诉讼代理人应保守诉讼当事人的秘密，收集证据，保障委托人合法的权利义务，并作为代理人出庭。

第九十三条　诉讼案件的委托代理人（修订）

委托诉讼代理是委托人将自己的诉讼权利和义务委托给代理人，代表自己参加诉讼。委托诉讼应出具书面委托书，并由委托人居住地的企业、公证机构、村政府、研究所、学校、医院、监狱等组织出具证明。

法人授权应由企业或组织的负责人出具委托书。

诉讼当事人一方因贫困或没有机会委托诉讼代理人的，由人民法院指定代理人。

第九十四条　诉讼代理人的限制条件

诉讼案件中，以下人员不得担任诉讼代理人：

（一）未获得诉讼当事人的合法授权；

（二）在同一案件中已担任诉讼当事人一方的诉讼代理人；

（三）无民事行为能力人；

（四）依照本法第五十四条和第六十一条作为诉讼案件的负责人。

第九十五条　诉讼代理人的代理权解除（新）

被监护人恢复智识或达到十八周岁的法定年龄，或无民事行为能力人恢复民事行为能力及能够亲自参与案件审理的，法定代理解除。

被委托人按照委托协议完成在案件审理当中的权利及义务，或当事人解除委托协议的，委托代理解除。

委托代理解除的，当事人需要以书面的形式告知法院。

第六章　诉讼证据

第九十六条　证据（修订）

民事诉讼证据是指提交人民法院或由人民法院自行调取的与诉讼当事人或诉讼第三人相关的实物、书证等各类资料，证据的目的在于帮助人民法院查清起诉、申请或反驳事实，并作出准确的裁决。

第九十七条　证据来源

证据来源包括：

（一）书证、实物或视听材料；

（二）展示的标的物；

（三）诉讼当事人、第三人或证人提供；

（四）老挝缔结的国际条约、国际协定成员方的司法机关或专家提供的报告或总结；

（五）争议事项调查备忘录；

（六）争议财产的评估结论；

（七）其他合法来源。

第九十八条　证据种类

民事、商事、家事、未成年人和劳动争议的诉讼证据包括：

（一）物证；

（二）书证；

（三）人证。

物证包括设施设备、栅栏、种植物和其他以实体形式存在的证据。

书证包括权属证明、协议、图纸、清单或其他与争议相关的书面材料。

人证是诉讼当事人、证人或其他诉讼当事人发表的与诉讼争议相关的意见。

第九十九条　物证或书证（修订）

诉讼参与人向人民法院提供或申请人民法院调取物证或书证，有义务提出证据原因、证据来源，供人民法院审查。

物证或书证属于非诉讼参与人的个人、组织或企业的，人民法院复制、复印存档后应将上述证据予以归还。

第一百条　人证

人证的意见应与案件其他证据一并审查和综合分析。

诉讼当事人用来起诉或者应诉的材料，人民法院有理由相信该材料符合案件事实时，为全面查清事实，可以酌情使用。

第一百零一条　商事案件的证据（修订）

商事案件证据除本法规定的普通证据外，还包括诉讼过程中的文件资料、实物或商业信息。文件资料包括电子数据、照片、音频资料、传真、网络数据或其他科技媒介存储的数据。

第一百零二条　诉讼当事人或第三人的举证责任

诉讼当事人或第三人有义务向人民法院举证。

原告有义务提交证据证明自己的诉讼主张。

被告有义务提交证据证明自己的反驳主张。

第三人有义务提交证据保护自己的权益。

人民法院审理原告的起诉前，应审查原告起诉证据的完备性。原告起诉证据不完备的，人民法院应告知原告补充证据。原告无法补充的，人民法院不予审理。

人民法院认为原告、被告或第三人提交证据不充分，应告知补充证据，或根据诉讼参与人的申请或自行决定予以调取。

第一百零三条　证据提交（新）

人民法院收到起诉状或申请书后至初审人民法院合议庭闭庭前，诉讼当事人可以随时提交与起诉、反驳、答辩相关的证据。新证据不受上述期限限制。

书证应提交原件，不能提交原件或提供原件存在困难的，应提交经人民法院核对无误的复印件、照片或其他形式的副本。书证语言为外国语的，应翻译成老挝语并公证。

第一百零四条　证据交换（新）

诉讼参与人提交证据应制作申请书，包括证据介绍、证据形式、页面等内容。人民法院应审查诉讼当事人递交的证据申请书，证据申请书符合规定的，出具证据收取备忘录。

证据收取备忘录应包括证据收取的时间、地点、接收人姓名、提交人姓名以及证据形式、种类和份数，证据收取备忘录一式三份，提交人和接收人签名并加盖人民法院印章后，由提交人保留一份、诉讼相对方保留一份，人民法院保留一份。

第一百零五条　证据的质证（新）

诉讼当事人一方对另一方提交的证据，应提出认可或不认可的意见。

诉讼当事人提交的证据都应由对方发表质证意见。

第一百零六条　收集证据的方式

人民法院可以采取以下方式收集证据：

（一）传唤案件相关人员到庭接受询问；

（二）调查争议相关问题；

（三）指定专家鉴定；

（四）要求相关部门提供证据或出具证明；

（五）请求其他人民法院协助收集或调查相关证据。

第一百零七条　询问（新）

人民法院认为诉讼当事人的起诉状、答辩状、反诉状或申请书不详细时，应传唤原告、被告、证人或其他人到庭接受询问。

诉讼当事人、第三人可以对起诉状、答辩状、反诉状或申请书进行补充并提交人民法院。诉讼当事人不能书写的，可以直接以口头形式向人民法院补充，由审判员审查，书记员或其他司法鉴定人员记录。

询问未成年人或无行为能力人，应由其父母或其他监护人陪同。

询问应在人民法院进行，特殊情况下可以在与案件相关人员所在地进行。

第一百零八条　询问记录（修订）

询问记录应记载询问地点、日期、时间，审判员、助理审判员、书记员或司法鉴定人员姓名，被询问人的姓名、简历以及询问记录格式中规定的内容。

询问结束后，审判员应向被询问人宣读询问记录的内容，或由被询问人自行阅读。询问笔录由被询问人和诉讼参与人在每一页记录上签名并捺指印。未满十八周岁的未成年人、聋人、哑人和智力低下的人、精神病人应由其监护人签名并捺指印，证明上述询问笔录的真实性。

询问笔录需涂改、变更或增加内容的，审判员、书记员或司法鉴定人员和被询问人应在涂改、变更或增加处签名并捺指印。询问笔录有多页的，诉讼参与人应在每一页签名并捺指印。

被询问人拒绝在询问笔录上签名、捺指印的，审判员应在询问笔录上注明。

询问笔录一式二份，一份留存于卷宗，一份由被询问人保存。

必要时，询问笔录可以采取录音形式。

第一百零九条　当面询问审理（新）

人民法院认为诉讼当事人提出的问题存在疑问或不能形成一致意见时，应传唤诉讼当事人或诉讼参与人当面开庭审理诉讼当事人提出的纠纷，审查证据。

每次当面开庭审理应制作庭审笔录，诉讼参与人应依照本法第一百零八条关于询问笔录的签署要求签署庭审笔录。

第一百一十条　争议事项的调查（新）

人民法院可以依照诉讼一方当事人的申请或自行决定调查争议事项，但应在诉讼当事人、村政府和相关部门的见证下进行。

人民法院应计算调查发生的费用并通知申请调查一方或原告支付费用。所有费用应形成书面记录并记载在判决书或裁定书中。

第一百一十一条　争议事项调查笔录（新）

争议事项调查笔录应详细记载争议事项的性质、特点、状况、发生地点，由调查参与人以及所在地村长签名并加盖村政府公章。

争议事项调查笔录由书记员或审判员指定的测量、绘图、拍照、计算、评估人员依据收集的信息、意见作出。

第一百一十二条　司法鉴定或证明（修订）

经过庭审，书证、签名、印章、实物或地点等证据存在不清晰、疑问、矛盾问题的，经诉讼当事人申请或人民法院决定，可以委托相关部门开展司法鉴定或证明。人民法院应告知鉴定或证明的问题、目的、详细要求、时限等信息，并提供鉴定检材，同时将鉴定事项告知诉讼当事人或相关人。

第一百一十三条　司法鉴定意见或证明文件（新）

司法鉴定意见或证明文件应依照技术规范记载争议事项的性质、特点、争议点。司法鉴定人员应在规定的期限内出具报告，并签名、盖章提交人民法院。

第一百一十四条　证据调取（新）

诉讼当事人不能提交受其他组织或机构管理的资料或材料时，人民法院可依照当事人申请或者法庭的决定，向保管上述资料或材料的机构出具调查令，依法调取与案件相关的资料。

需调取证据原件的，人民法院应出具调取凭据。证据原件使用完毕后，应返还给相关组织机构。

第一百一十五条　法院委托收集证据

在必要的情况下，法院有权委托其他省级法院、直辖市法院或县级法院为本院收集证据。

委托收集证据的文件中，须提供大概的案情，以及需要被委托法院收集的证据。委托文书只对被委托法院有效，被委托法院应自收到委托文书之日起三十日内收集证据。

所收集的证据，以及证据记录须及时送达案件审理法院。

第一百一十六条　委托其他法院制作询问笔录

当事人、证人或案件审理第三人因在其他地方，或因为其他原因无法到法院制作询问笔录的，案件审理法院可以向上述人员所在地法院告知询问要点并委托其代为制作询问笔录，代为制作询问笔录应在收到询问要点后十五日内进行，询问笔录制作完成后应及时送达委托法院。

第一百一十七条　证据保全

证据正在被破坏，或可能被破坏，或在以后的管理上存在困难的，诉讼当事人可以申请法院对证据进行保全，证据保全的方式包括复印、拍照、录音、记录、存放在安全地点或指定诉讼当事人管理。

证人被威胁、强迫或被以其他方式致使其不方便或不能向法院提供真实证言的，可以依照法律规定获得保护。

第一百一十八条　证据证明力的认定

人民法院应在全面、客观了解及研究全部案情的情况下，对证据进行审查及证明力认定。

证据只有在被审查及认可的情况下有证据效力，在案件审理当中，人民法院应以当事人双方都认可的证据为基础来审理案件。

第一百一十九条　证据使用

有充分理由的证据，人民法院应在案件审理中使用。

人民法院认为合理或不合理的证据，应在裁定或判决中作出说明。

第一百二十条　证据规则

案件初审过程中，审判员自收到卷宗时起至辩论结束前，应询问当事人是否已提交全部证据。证据未全部提交的，应指定当事人在合理的时间内补充提交；已全部提交的，人民法院将以案件全部证据为基础研究案件并作出判决。

第七章　诉讼措施

第一节　诉讼保障措施

第一百二十一条　诉讼保障措施的种类（修订）

诉讼保障措施有以下种类：

（一）扣押或者冻结诉讼当事人的财产；

（二）禁止当事人活动或者作出特定行为；

（三）禁止当事人与他人的合同交易行为；

（四）其他诉讼保障措施。

起诉前，可以适用诉讼保障措施。

违反以上措施，应承担相应的法律责任。

第一百二十二条　扣押财产（修订）

经诉讼当事人申请或者人民法院认为扣押财产有利于案件办理、维护国家和社会利益时，为保证诉讼顺利进行，人民法院在确定与案件相关的物品、货物或者其他动产的种类、数量、财产清单或储存地后，可以命令将其扣押在指定地点。

第一百二十三条　冻结财产（修订）

经诉讼当事人申请或者人民法院认为扣押财产有利于案件办理、维护国家和社会利益时，为保证诉讼顺利进行，人民法院在确定与案件相关的动产或不动产的种类、数量和财产清单后，可以命令将其冻结。

第一百二十四条　禁止当事人活动或者作出特定行为（新）

诉讼当事人存在威胁对方当事人、证人，或者毁坏证据行为的，经对方当事人申请或者人民法院认为有必要时，可以命令其停止危害行为。

第一百二十五条　禁止当事人的合同行为（新）

诉讼当事人一方对另一方存在侵害行为的，如重复订立合同等，经对方当事人申请或者人民法院认为有必要时，可以命令其停止侵害行为。

第一百二十六条　禁止离开指定区域（新）

为保证诉讼活动正常进行，如到庭指认证据，经一方当事人申请或者人民法院认为有必要的，人民法院可采取措施禁止诉讼当事人离开指定区域或者禁止出境。确有特殊情况的，被禁止的当事人应以书面形式说明，并按照人民法院规定提供财产担保以解除禁止措施。

第一百二十七条　拘传令（修订）

拘传令是人民法院出具的命令，由公安机关在指定的时间将被告、证人带至指定地点与审判人员进行会见。

被告、被告地位的第三人、证人在收到三次传票后，无充分理由不到庭的，人民法院有权发出拘传令，拘传相关人员到庭。人民法院拘传时应与村政府沟通配合。拒不执行拘传令的，依法承担刑事责任。

第一百二十八条　诉讼保障措施申请书的内容（新）

诉讼保障措施申请书的内容包括：

（一）接受申请的人民法院名称；

（二）申请人的姓名、住址及与案件的关系；

（三）被采取措施人的具体财产、姓名、住址及与案件的关系；

（四）案件概要及申请原因；

（五）与申请相关的文件；

（六）递交申请书的具体时间；

（七）申请人签字及村政府证明。

第一百二十九条　诉讼保障措施申请的审查（新）

收到诉讼保障措施申请书后，人民法院应将申请书交给案件承办人，由案件承办人对申请书与其他证据一并审查并作出决定。

依照本法第一百二十二条、第一百二十三条规定申请扣押、冻结财产的，除审查证据外，必要时还应检查需扣押或者冻结财产的所在地和实物。扣押或者冻结的财产，应具有案件所需价值。

案件承办法庭负责出具诉讼保障措施命令。

第一百三十条　诉讼保障措施的变更及撤销（修订）

诉讼保障措施的变更及撤销，应在案件相关人的参与下进行审查。案件相关人不参与的，不影响审查。

经诉讼当事人申请或者合议庭认为有利于维护国家和社会利益的，人民法院可以变更或者撤销诉讼保障措施。

人民法院没有变更或者撤销诉讼保障措施的，已采取的诉讼保障措施在案件终结前有效。

第一百三十一条　对诉讼保障措施提起上诉、申请撤销或者提出异议（新）

知道人民法院作出诉讼保障措施命令后七日内，当事人有权提出上诉或申请撤销，人民检察院检察长有权提出异议。

对诉讼保障措施提起上诉、申请撤销或者提出异议的，应向相应层级人民法院递交申请予以审查。

第一百三十二条　诉讼保障措施命令的效力（新）

诉讼保障措施命令的效力与法庭其他决定的效力相同。个人、组织或者企业违反诉讼保障措施命令的，应依法承担由此造成的损失和法律责任。

第一百三十三条　诉讼保障措施的执行（新）

在严格执行人民法院的查封或者冻结财产命令后，人民法院应告知当事人采取的诉讼保障措施，并将人民法院命令粘贴在财产所在地、村政府、人民法院及相关单位。

人民法院依照本法第一百二十四条、第一百二十五条及第一百二十六条的规定采取措施时，应告知当事人，并通知地方政府或者有关部门。采取本法第一百二十六条规定的措施时，除通知地方政府外，还应通知公安机关跟进和管理。

采取拘传措施的，依照本法第一百二十七条规定执行。

诉讼保障措施申请人负责承担执行措施的相关费用。

第二节　人民法院临时紧急措施

第一百三十四条　人民法院临时紧急措施的使用（修订）

针对易变性和易腐烂的争议性财产，人民法院可以采取紧急强制措施对其进行保护。

人民法院可以将采取紧急强制措施财产的管理权判决给一方当事人。

第一百三十五条　人民法院对精神病患者采取的措施

人民法院可以命令将负有诉讼案件民事责任的精神病人送至精神病医院或者专门地点采取医疗措施。

医疗措施结束后，案件继续审理。

第一百三十六条　人民法院对被撤销法人采取的措施

人民法院可以命令对负有民事责任法人的财产进行扣押或者冻结。

扣押、冻结财产命令作出后，应在三十日内与法人的负责人或者法人财产管理人将问题解决完毕。

清查已破产企业的债务时，依照企业破产法相关规定执行。

第一百三十七条　人民法院对夫妻采取的措施

起诉离婚的，人民法院可以命令扣除或扣押、冻结诉讼当事人一方的工资或财产，用于支付未成年子女抚养费。

第一百三十八条　人民法院对未成年人监护人采取的措施

人民法院对涉案未成年人的监护人可以采取以下措施：

（一）监护未成年子女的行为；

（二）在案件审理过程中监管未成年子女；

（三）为未成年子女治病；

（四）教育、照顾未成年子女；

（五）报告未成年人的意见；

（六）禁止未成年人从事劳动法中规定的危重工作。

第一百三十九条　人民法院其他临时措施（新）

除本法第一百三十四条至第一百三十八条规定的临时措施外，人民法院认为确有必要的，可以决定将争议性财产交由诉讼当事人一方暂时保管，直至案件审理结束。

第一百四十条　人民法院的诉讼强制性措施

除针对夫妻采取的临时紧急措施可以上诉外，人民法院以命令采取的其他临时紧急措施应立即执行。

诉讼强制措施在人民法院发布撤销决定或者判决后结束。被管理、扣押或者冻结的财产按照人民法院的决定或者判决处理。

第一百四十一条　申请采取临时紧急措施（新）

当事人有权在诉讼全阶段向人民法院申请采取单项或者多项临时紧急措施，以保护证据、管理争议性财产，避免损失。

第八章　人民法院出具、送达或公告传票或其他法律文书

第一百四十二条　传票内容

传票应包含以下内容：

（一）人民法院的名称；

（二）被传唤人的姓名；

（三）被传唤人与诉讼案件的关系，诉讼地位以及传唤目的；

（四）传唤达到的地点和日期、时间；

（五）被传唤事项的介绍，如领取证据等；

（六）注意事项以及不履行传票所列事项的责任。

出庭通知的内容执行传票内容的规定。

第一百四十三条　出具传票的决定

审判员负责审理诉讼案件，诉讼当事人申请证人出庭等事项由审判员作出发出传票的决定。审判员确定传唤时间和事项后，告知书记员依照决定向被传唤人发出传票。

第一百四十四条　传票的制作（新）

人民法院书记员负责依照审判员的决定制作传票。

传票一式三份，一份交被传唤人，一份存案件审理卷宗，一份存书记员卷宗。

第一百四十五条　传票的送达

传票的送达应由被传唤人在送达回证上签名或捺指印。被传唤人拒绝在送达回证上签名或捺指印的，由送达人备注说明。

传票至少应在传票指定日期前三日送达。

人民法院送达其他法律文书执行传票送达的规定。

第一百四十六条　传票的送达和公告

传票的送达和公告依照以下方式：

（一）直接送达；

（二）邮寄送达；

（三）张贴公告送达；

（四）公共媒体送达。

第一百四十七条　直接送达（新）

传票应直接送达或通过被传唤人居住地村长送达。被传唤人为职员的，可以通过其供职的机构送达。

直接送达应由人民法院工作人员进行。

第一百四十八条　邮寄送达（新）

诉讼参与人与人民法院距离较远的，人民法院可以采取邮寄方式送达法律文书。

邮政部门送达之日即为法律文书送达之日。

第一百四十九条　张贴公告送达（新）

被传唤人经常更换居住地，导致人民法院传票送达困难，直接送达或邮寄送达不能的，可以使用张贴公告方式送达。

张贴公告的传票应是原件，张贴地点为人民法院办公场所、被传唤人最后居住场所以及所在村政府办公场所。

张贴公告应与被传唤人最后居住地村政府进行协调，并制作备忘录记载张贴时间，张贴备忘录由张贴参与人签名。

公告张贴三十日后视为送达。

第一百五十条　公共媒体送达（新）

诉讼当事人尤其是被告躲避诉讼程序，或不知晓住所无法张贴公告送达传票内容的，人民法院可以通过公共媒体方式送达。

电台、电视或报纸通知三日后视为送达。

第一百五十一条　送达费用（新）

传票送达费用由申请人承担。

第一百五十二条　张贴公告或通过公共媒体送达传票的效力（新）

张贴公告或通过公共媒体送达期限届满，人民法院应依据案件证据和法律法规规定作出裁决。人民法院裁决后，应将裁决书在人民法院办公场所、被传唤人最后居住场所以及所在村政府办公场所张贴公告。除诉讼当事人知道裁决书之日起二十天内提出上诉、异议或在公告期内申请参与案件外，裁决书自张贴后三十日生效。

第一百五十三条　依传票参与案件审理的义务（修订）

被传唤人应按照传票规定的日期、时间、地点参与诉讼。

原告及其代理人或原告地位的第三人收到传票后，无正当理由三次未按照传票参与诉讼的，人民法院可以作出终止审理决定，原告丧失该诉讼案件的起诉权。

原告及其代理人或原告地位的第三人收到传票后，无正当理由三次未按照传票参与诉讼或搬离原住地且未将新住址告知村政府，人民法院有权拘传或缺席裁决。

第一百五十四条　诉讼当事人依传票参与诉讼案件

诉讼当事人或其代理人依传票参与案件审理时，人民法院应组织诉讼当事人进行审查、询问，听取辩解和说明，对证据进行质证。必要时，依照本法第一百零九条的规定当面询问。

第九章　案件受理费和案件处理费

第一百五十五条　案件受理费和案件处理费（新）

案件受理费是诉讼当事人或诉讼第三人在提交起诉状或上诉状时预交的费用。

案件处理费是诉讼当事人或诉讼第三人应支付的国家税费、案件办理费用、通知参与案件人员的费用和资料费或复印费等费用。

第一百五十六条　案件受理费的收取

民事诉讼案件原告缴纳的案件受理费不超过二十万基普每次。

案件受理费用于：

（一）送达传票；

（二）送达法律文书或卷宗材料；

（三）必要时经同意的其他费用。

案件受理费应制作清单，并在合议庭审理案件前汇总。案件受理费有剩余时，应予退还。

人民法院案件受理费的收取、管理和使用另行规定。

第一百五十七条　案件处理费（新）

案件处理费中除国家税费由败诉方承担外，案件办理费用、通知参与案件人员的费用和资料费或复印费由申请方先行支付。人民法院认为必要时决定收集证据、对证据进行鉴定、要求证人或相关人员出庭发生的费用由原告先行支付。

诉讼当事人上诉的，应承担上诉费用。上诉或终审阶段发生的费用由申请方先行支付。因人民法院决定事项发生的费用由上诉方先行支付。

第一百五十八条　不同阶段的案件受理费和案件处理费的收取（新）

初审人民法院收取案件受理费、案件处理费和上诉费。

上诉人民法院收取案件受理费、案件处理费和终审费。

终审人民法院在必要时收取案件处理费。

收取案件处理费应出具收据，收据应记载费用金额和使用目的，并经交款人和收款人签字确认。

第一百五十九条　人民法院对案件处理费的管理（新）

书记员是案件处理费的管理员。

收取上诉费、终审费后，应将收据附卷移送，并将款项交付国库。

第一百六十条　案件处理费的使用（新）

案件处理费的使用应合法有据并经法庭决定。

案件处理费的使用应有计划、目的以及合规票据，并由合议庭审核确定形成书面报告。

法庭应在判决书或裁定书中对案件处理费进行评议。

败诉方应按照判决书或裁定书的规定承担案件受理费和案件处理费。

第十章　初审案件程序

第一节　起诉及申请

第一百六十一条　初审人民法院（修改）

县、省、直辖市人民法院以证据及法律为依据受理初审案件。

第一百六十二条　起诉和受理（新）

人民法院按照下列情况受理个人或组织的起诉或申请：

（一）属于民事纠纷事项的起诉；

（二）出具证明或确认不属于民事纠纷事项的申请。

第一百六十三条　向人民法院起诉或申请的权利（修订）

个人或组织为了解决纠纷，保护权益，有权依法向人民法院起诉。

个人或组织有权向人民法院提出宣告失踪或宣告死亡、认定无民事行为能力、认定土地证遗失、认定财产无主并将财产收归国家等证明或确认非纠纷范畴事项的申请。

第一百六十四条　为保护他人的权益而起诉的权利（新）

人民检察院或相关政府机构为了保护被个人或组织侵犯的国家或社会的权益，可以起诉。

非财产所有人的财产管理人，如租赁人、管理人、借用人，在财产可能受到重大损害，或在财产所有人不知情或无法亲自起诉的情况下，为了请求返还财物、停止侵害或排除妨碍，或保护财产免于来自个人或组织的其他侵权，有与财产所有人同等的向人民法院起诉的权利。

人民检察院、共青团、妇女联合会或家庭成员，为了保护妇女及儿童的权益，如果认为当事人无法亲自起诉，可以按照法律法规的规定代为向人民法院起诉。

第一百六十五条　起诉的条件（修订）

起诉应当符合以下条件：

（一）个人或组织为解决纠纷或保护自己的权益，提交起诉状；

（二）个人或组织为确认法律事实，提出申请；

（三）符合法律规定的可以代为起诉的情形，代为起诉的个人或组织提交起诉状；

（四）人民检察院为了保护国家或社会的利益，提交起诉状。

第二节　立　　案

第一百六十六条　起诉状

起诉状是公民或组织认为他人侵害自己权益而向人民法院起诉时所提交的申请文件。

起诉状应当包含下列基本内容：

（一）受理人民法院的名称；

（二）原告及被告姓名、住址，原告或被告是法人的，列明法人地址及代表人姓名、住址；

（三）诉讼理由及证据；

（四）案件标的；

（五）原告的诉讼请求；

（六）其他作为附件的与案件有关的资料。

起诉状应当有原告或诉讼代表人的签名或捺印。诉讼代表人应有符合法律规定的授权委托书。起诉应按照人民法院手续费法的规定贴印花税票、支付人民法院费用。

第一百六十七条　提交起诉状（新）

个人或组织应当按照人民法院规定的格式书写起诉状及附上相关文件，提交有管辖权的人民法院。

起诉状应当包括原件及副本。

第一百六十八条　起诉状及附件资料审查（新）

接收起诉状之后，人民法院应当对起诉状是否符合人民法院规定，以及所附资料是否符合规定的清单进行审查。起诉状符合规定的，人民法院应当对案件是否有管辖权进行审查，不属于本院管辖的，人民法院应当退回起诉状，告知原告向有管辖权的人民法院提交起诉状。人民法院还应当审查案件是否已经按照规定进行过调解，必要时，人民法院应当告知当事人先行调解后再提起诉讼。

第一百六十九条　附件资料及证据（新）

与案件有关及在起诉状中提及的资料或证据，应当与起诉状一起提交，以便作为卷宗资料。提交起诉状时无法提交资料或证据的，人民法院可以先行接收起诉状，诉讼当事人应当后续提交。

第一百七十条　不受理案件的情况（修订）

出现以下情况之一的，人民法院不受理案件：

（一）未依法进行调解的纠纷；

（二）按照合同约定，应当由仲裁机构管辖的经济纠纷；

（三）人民法院没有管辖权的纠纷；

（四）无民事行为能力人或无权代理人提交的起诉状；

（五）不符合本法第一百六十六条规定的起诉状。

出现上述第四项、第五项规定的情形，当事人可以按照法律规定修改起诉状，提交人民法院受理。

第一百七十一条　起诉状修改（修订）

起诉状不符合本法第一百六十六条规定的，人民法院应当退回起诉状，并告知当事人修改。起诉状经修改后符合规定的，人民法院应予受理。

第一百七十二条　案件受理（修订）

原告提交的起诉状符合本法第一百六十六条的规定的，人民法院应当受理案件。

第一百七十三条　向被告送达起诉状（新）

人民法院受理案件后，应当以书面形式告知被告，送达起诉状副本，并告知被告提交答辩状的期限。

第一百七十四条　答辩及反诉（修订）

被告认为起诉状关于损害赔偿或返还财物等请求违反事实或超越事实，或认为起诉状部分理由不成立的，有权作出答辩状，阐明理由，提交人民法院，并提出证人及证据进行证明。

反诉状是指被告认为原告对于自己存在没有履行的义务，为了保护自己的权益，被告向人民法院提交诉状，要求人民法院一并审理。

第一百七十五条　提交答辩状的时间及义务（新）

被告收到起诉状副本十五日内，应当向人民法院提交答辩状。被告无法在规定时间内提交答辩状的，有权向人民法院申请延期，或向人民法院申请口头陈述，由人民法院记录。

第一百七十六条　第三人参与案件审理（新）

在案件审理过程中，诉争纠纷与第三人权益相关的，人民法院应当通知第三人参与案件审理，以便完整、全面地审理案件，并在同一诉讼程序中解决纠纷。

第一百七十七条　认可或退回起诉状或反诉状（修订）

诉讼当事人有权认可起诉状或反诉状的全部或部分内容，经对方认可的事实可以作为人民法院判决的依据，对双方共同认可的问题无需进行辩论。

诉讼当事人有权撤回起诉状或反诉状的部分或全部内容。诉讼当事人撤回部分诉讼内容的，人民法院只在尚未撤回的诉求范围内审理案件。当事人撤回全部诉讼内容的，案件终结，但离婚案件除外。

撤回起诉状或反诉状全部内容没有侵害国家或社会利益且不违反法律规定的，人民法院将作出同意撤回起诉状或反诉状的裁定。撤回起诉状全部内容，且被告没有提出反诉状的，人民法院将作出撤诉裁定。

撤回起诉状或反诉状全部或部分内容，可以在初审人民法院庭审辩论结束前作出。

第一百七十八条　有确认或提出异议情形的审理（新）

案件审理中，诉讼当事人对起诉状或反诉状部分内容予以确认或提出异议的，人民法院应对有异议的问题进行查明。

原告及被告已经共同认可的事实，不损害国家或社会利益且不违反法律法规的，人民法院无需再就该事实补充证据。

诉讼当事人认可全部事实的，人民法院可以传唤原、被告共同出庭作笔录，并出具执行裁定。不能达成一致意见的，依法裁判。

第一百七十九条　审理期限（修订）

在收到起诉状后，人民法院将按照下列规定期限审理案件：

（一）民事及婚姻案件，最迟三十日开始审理；

（二）劳动争议及行政纠纷案件，最迟二十日开始审理；

（三）商事案件及未成年纠纷案件，最迟十五日开始审理。

第三节　共同诉讼

第一百八十条　共同诉讼或合并审理（新）

因同一事实或同一原因、行为而侵害集体或多人的权益的，受害人可以共同提交起诉状，以便人民法院审理。起诉状可以分别载明各受害人的受损害数额，也可载明受损害的总数额，载明受损害总数额的，应当同时分别载明各受害人的受损害数额，受损害数额应当详细及与实际情况相符。

为了提高诉讼效率，确保案件审理在法律适用方面正确及统一，审理的案件与其他正在审理的案件相关及标的相同的，人民法院可以合并审理。

共同诉讼当事人可以书面授权诉讼代表，诉讼代表的诉讼行为视为共同诉讼当事人的行为，对其他共同诉讼人发生效力。但是，应当由诉讼当事人亲自作出的行为除外。

第一百八十一条　合并审理（新）

合并审理属于共同诉讼。合并审理应当由合议庭出具裁定，案件合并审理裁定应当通知当事人，合并审理裁定不得上诉。

第一百八十二条　分案审理（新）

原告诉讼标的、诉讼条件不同，诉讼标的互不相关或被告有多人，因证据障碍致收集证据困难的，人民法院可以出具分案审理裁定，将案件分为多个案件审理，分案审理裁定应当通知当事人，分案审理的裁定不得上诉。

第一百八十三条　合并审理及分案审理的效力（新）

人民法院作出合并审理裁定后，各案的原告成为共同原告，人民法院应当对该案重新立案，原案终结。

人民法院将案件移送其他人民法院合并审理的，原受理人民法院应当作出案件移送裁定，并将原案件从案件审理清单中移除。

人民法院决定分案处理的，应当作出分案审理裁定，分案审理的案件应当重新立案，并对卷宗资料进行分案处理。

第四节　案 情 研 究

第一百八十四条　案件受理（新）

诉讼当事人向人民法院递交的起诉状、反诉状、答辩状符合法律规定的，人民法院应当依法受理并予以审理。

第一百八十五条　不受理案件的情形（修订）

具有以下情形之一的，人民法院不予受理案件：

（一）判决驳回起诉或人民法院决定不予受理、结案的案件，离婚案件除外；

（二）人民法院已作出生效裁决的案件；

（三）依照本法第二百零一条的规定已调解的纠纷；

（四）超过起诉期限的。

不受理案件的，人民法院应作出不予受理决定书。

第一百八十六条　案情研究（修订）

人民法院受理案件后，由庭长将案卷交给审判长，审判长应指定承办审判员进行研究，以熟悉案由、争议焦点、证据材料等，便于解决争议。同时，承办审判员应在庭审前正确、完整、全面、客观地调查案件，收集信息和整理证据。

审判庭发现正在审理的民事案件与其他案件有关联，且其他案件判决结果可能对本案产生影响的，应中止本案审理，等待其他案件的审判结果。

第一百八十七条　回避

审判员与诉讼当事人存在亲属关系、利益关系或纠纷时，应主动回避。

审判员不主动回避的，诉讼当事人可以申请其回避。

第一百八十八条　应当回避的情形

具有以下情形之一的，审判员应当回避：

（一）已作为证人、专家、检察员或者书记员身份参与案件的；

（二）属于诉讼当事人的亲属、亲近的朋友的；

（三）与案件存在直接或者间接利益关系的。

第一百八十九条　存在回避情形时的审判规则（新）

存在回避情形时，审判委员会应当对回避原因进行讨论。确有必要的，审判长应指定其他审判员审理案件。

第一百九十条　庭前会议（新）

审判员应当在开庭前召集当事人召开庭前会议，对案件原由、争议焦点、与案件相关的信息进行研究，以便案件审理和证据收集。诉讼当事人参与庭前会议的情况，认可有利于其他诉讼当事人的证据等，应当进行书面记录。

第一百九十一条　证据收集（修订）

审判员应当收集与案件相关的证据，查明案件事实，解决案件争议。

诉讼当事人承担举证责任。人民法院认为必要的，可以收集证人证言、进行调查、要求相关部门提供信息或者收集其他与案件相关的资料等证据。

第一百九十二条　证据审查（修订）

诉讼当事人、证人和其他部门提供证据材料后，审判员应对信息进行分析和审查，认定证据效力，以查明案件事实，正确适用法律。

人民法院应对案件证据进行审查，并由诉讼当事人发表质证意见。对证据效力的认定应在判决书中予以说明。

第一百九十三条　案件概要（新）

审判员完成案件调查、进行调解后，应当以书面形式对案件情况进行简要概括。概括内容包括：诉讼阶段、案由、争议焦点、证据。出现以下情形的，应将相关情况通报人民检察院，作为案件审理的信息：

（一）证据收集已完整、全面、充分的，在庭审中对案件进行审判；

（二）证据还不够完整、全面、充分的，由承办审判员进行研究、补充证据；

（三）原告无诉讼权利、已有生效判决或原告撤诉的，撤销案件。

第五节 调　　解

第一百九十四条　当事人调解

争议小、标的额低且涉及家庭关系、动物所有权、相邻权纠纷以及本法第一百九十八条规定争议的，应由村级调解组织或者相关调解组织先行调解。调解不成的，由县司法行政部门予以调解。再次调解不成的应予起诉处理，法院受理案件后可以再次调解。人民法院调解不成的，依法判决。

争议标的额大的，可以申请人民法院先行调解，或直接起诉。

第一百九十五条　人民法院调解（新）

人民法院可以依照诉讼当事人的申请进行调解。人民法院认为调解对诉讼当事人有利，有益于争议解决的，也可以先行调解，人民法院调解应当遵循以下原则：

（一）审判员或者合议庭应保持中立；

（二）诉讼当事人自愿，不得采取威胁、恐吓或其他方式致使诉讼当事人产生误解；

（三）调解应尊重诉讼当事人，不得损害社会利益和秩序，不得违反法律规定；

（四）诉讼当事人应当及时在调解书上签名。

第一百九十六条　人民法院调解参与人（新）

人民法院调解，应由审判员、书记员、原告、被告或者诉讼当事人的代理人参加。人民法院认为必要的，可请政府机构代表、社会组织代表或其他相关人参加。

第一百九十七条　不可调解的案件（新）

以下案件，人民法院不得调解：

（一）索取国有财产或有损于公有财产、社会财产之诉；

（二）申请不符合法律规定的赔偿费或者财产之诉；

（三）争议标的物非本案当事人所有之诉；

（四）因无效合同而产生的争议之诉；

（五）涉及无民事行为能力人的权益之诉。

第一百九十八条　应进行调解的案件（新）

以下案件，应在向法院递交起诉状前进行调解：

（一）标的额低且涉及家庭关系、动物所有权、相邻权纠纷的案件；

（二）涉及土地使用权、商业和未成年人的案件；

（三）涉及劳动和服务关系的案件。

调解后，若不能和解、部分和解或全部和解，均应制作调解书，附于案卷之后。

第一百九十九条　调解书（修订）

在村级调解组织、县司法行政部门、法院或其他相关机构完成调解程序后，应制作调解书，双方当事人在调解书上签字并捺手印。

若村级调解组织、县司法行政部门或相关调解机构的调解结果不能执行，当事人可按法律程序向法院起诉。

第二百条　调解结果（修订）

村级调解组织、县司法行政部门或相关调解机构的调解结果自签字之日起生效。

第二百零一条　法院调解结果（新）

法院应在调解书制作完成后的五天内出具执行命令书。该命令书与法院生效判决效力一致。

第六节　案件初审的准备

第二百零二条　案件审理的准备

开庭前，应审查证据是否充足、是否具备作出判决的条件，审查审判庭成员是否有需要回避的情况。此外，若发现与案件相关的第三人，法庭应当将其列为案件当事人。

开庭时，当事人应到庭，当事人为失踪人员、无民事行为能力人的除外。涉及未成年人的案件，未成年人的父母或者监护人应到庭。

开庭前，书记员应检查案件当事人、第三人、证人和被传唤的其他人员是否已到庭，此外，书记员还应宣布法庭规则并让到庭人员遵守。

法庭规则规定于本法第二百一十八条。

第二百零三条　撤销案件

案件撤销是指因为原告无诉讼权利、有撤销案件的决定、已有生效判决或原告撤诉，而停止案件的审理。

审判庭应作出案件撤销的决定。

被撤销的案件，不得重新审理。

第二百零四条　不得将案件提交法庭审理的情形（新）

若案件审理负责人收集的证据信息未完整、全面和充分，不得将案件移交法庭审理，案件审理负责人应继续收集补充证据。

第二百零五条　将案件提交审判庭审理的情形（新）

若案件证据信息已收集完整、全面和充分，应将案件移交审判庭审理，并决定庭审参与人、开庭时间和审判庭成员，进行开庭审判准备。

案件提交审判庭审理的，应至少在开庭前三日内作出法庭决定书。

第十一章　审　判　庭

第一节　初审案件的一般规定

第二百零六条　案件审理（修订）

案件初审时，合议庭应对诉讼参与人进行询问、听取意见或者提议，以对案件问题进行调查、对证据进行核实。

合议庭应以直接审理、开庭审理、公开审理（特殊情况下不公开审理）、当事人辩论、连续审理、合议庭成员稳定的方式进行案件的初审；合议庭成员发生变化的，应重新审理案件。

审判长负责审判庭审理流程。

第二百零七条　当事人及第三人参与庭审（新）

原告、被告或者第三人应根据法院传唤参加庭审，原告、被告或者第三人有充分理由不能参与庭审的，法院可将开庭时间延后。原告、被告或者第三人在收到法院传票后，无正当理由不参加庭审的，法院可以缺席审判，或者按情况撤销案件。

缺席审判按照本法第二百一十七条规定，视为当事人到庭参与审理。

第二百零八条　无当事人、第三人参与的审理（新）

无原告、被告或者第三人参与案件审理的，按以下情形作出处理：

（一）原告、被告或者第三人不能到庭的，合议庭可直接开庭审理；

（二）原告、被告或者第三人可委托代表代替自己参加庭审；

（三）原告、被告或者第三人收到法院传票后，无故不参与庭审的，可以缺席审理。

第二百零九条　律师或者监护人参与庭审（新）

律师、监护人可以按照法庭传唤或者当事人委托参与庭审。原告、被告或者监护人到庭，律师或监护人不到庭的，不影响案件审理。

未成年人或者无民事行为能力人的监护人应到庭参与案件审理。不能到庭的，法院可延期审理。

第二百一十条　证人参加庭审（新）

证人有义务按照法庭传唤到庭进行详细阐述。证人不能到庭但已经通过书面形式向法庭出具证言的，合议庭应在法庭宣读该证言。

证人不能到庭的，合议庭可以继续审理案件。但是，证人对案件审理十分重要的，可延期审理。

第二百一十一条　分开听取证人证言（新）

当事人要求或者审判庭认为对案件审理有利的情形下，可单独听取证人证言。

听取证言完毕后，该证人可再次到法庭就座，有必要时，相关人员可对某一问题进行补充。

第二百一十二条　专家或者翻译参与庭审（新）

法庭可邀请相关专家参与庭审，对某一领域的专业问题进行解答，帮助案件审理。专家不能参加庭审的，法庭可将其意见以书面的形式向合议庭告知。

翻译应按职责出庭，不能出庭的，审判庭应延期审理案件。

第二百一十三条　检察院检察长参与庭审（新）

受检察长指派的检察官应参加初审案件的庭审。参与庭审的检察官受到异议或者不能继续参与后续庭审的，法庭可延期审理或者依情况继续审理案件。

第二百一十四条　机构与个人参与庭审（新）

有关机构在案件与自身或者自身员工有关时，可派代表参与庭审，以了解情况或者发表意见。

每一公民均可参与庭审旁听、了解案情。

机构或者公民不参与庭审活动，不影响案件审理。

第二百一十五条　延期审理案件（修订）

当事人因未收到法院传票而未到庭，或者确实存在重大原因未到庭并得到法院认可的，或者需要再调取新证据的，除缺席审理外，对案件审理有重大影响的案件参与人未到庭的，合议庭可以延期审理。

案件延期审理的，应在辩论结束前作出决定，并由书记员记录在案。

第二百一十六条　中止审理（修订）

暂停审理是指受到某一阻碍因素的影响，暂时停止案件的法庭审理活动。

当事人失去行为能力或者突发意外的，或者当事人死亡、相关机构或者企业因其被解散，但仍然存在权利与义务的继承人的，或者案件需要以其他案件的结果作为审理依据的，合议庭可以中止审理。

案件暂停审理应在辩论结束前作出决定，并由书记员记录在案。暂停时间不计入审理期限。

第二百一十七条　对席判决与缺席判决（修订）

对席判决是指原告、被告及第三人参与了案件庭审的法院判决，终审法院的审理除外。

原告、被告或者第三人收到法院传票后无正当理由不参加庭审的，或者以上相关人申请直接审理、判决的，该判决视为当庭宣判。此情况下，相关人无权对判决提出异议，仅有上诉权。

当案件证据充足、有必要进行宣判但被告逃避案件审理时，原告、被告或者第三人因为某些原因如未收到法院传票等没有参加庭审的，法院可以进行缺席审判。此情况下，相关人可以在知道判决结果后十五日内提出异议，原审判庭应重新按照审判规则开庭审理。

第二百一十八条　庭审的一般规则（新）

庭审的一般规则如下：

（一）尊重法庭，遵守法庭纪律，执行审判长的命令；

（二）审判庭进出法庭时，庭审活动参与人员应起立并保持肃静；

（三）庭审参与人每一次发表意见时，应先得到审判长批准，发表意见的人若存在健康方面的问题，审判长可允许其入座发表意见或者证言；

（四）小于十五周岁的人不允许进入法庭，得到法庭批准的除外；

（五）在法庭上录像、拍照或者录音，应先得到法庭批准；

（六）违反法庭提醒或者命令的人，将被命令离开法庭。

庭审的特别规定，由书记员在庭前另行宣告。

第二百一十九条　庭审笔录（新）

庭审中，书记员应把庭审参与人的证言和意见记录在案。对于重要的问题，审判长应告知书记员记录于庭审笔录中。

庭审结束后，书记员应当庭向庭审参与人，特别是原告、被告、第三人、证人宣读庭审笔录的内容，并让其签字、捺手印。书记员也需在庭审笔录上签字、盖章。

庭审参与人拒绝在庭审笔录上签字或者捺手印的，书记员也应记录在案。

庭审笔录应复印并存在案件的卷宗中，以便上级法院检查。

第二百二十条　不尊重审判庭（新）

个人在法庭上有不当的行为，如殴打、侮辱、诽谤、伤害、谩骂审判庭或者审判员的，视为不尊重审判庭。

第二百二十一条　不尊重审判庭的后果（新）

不尊重审判庭将会有以下后果：

（一）认为相关人行为不当时，审判庭有权命令其离开法庭；

（二）庭审时对审判庭成员进行殴打、侮辱、诽谤、伤害和谩骂的，法庭可以当庭申请参与庭审的检察官直接对其提起公诉；

（三）存在严重危险行为时，审判庭应向相关检察机构负责人报告，以按照法律规定审理案件。

第二节　上诉案件审理

第二百二十二条　庭审开始

在合议庭审判员全部进入法庭后，书记员须向审判员报告案件的编号、日期、案由、当事人、收到法院传票或邀请后来参加庭审或不参加庭审的人员情况，同时告知已经准备好可以开始庭审后将卷宗交予审判员。

第二百二十三条　庭审开始

审判长负责宣布开始庭审及宣布将要审理的案件，同时按审判长、审判员、书记员、检察院工作人员、专家、翻译人员的顺序向参与庭审的人员告知姓名，以及告知当事人申请回避的权利。

第二百二十四条　申请回避

案件当事人有权申请合议庭成员、书记员、检察员、专家及翻译人员回避。

当事人申请合议庭成员、书记员回避的，审判长须临时休庭，以便审查申请回避的理由。理由充分的，合议庭将更换被申请人员，申请理由不充分的，合议庭将继续审理案件，但须告知不回避的理由。

申请检察员、专家或翻译人员回避，且理由充分的，法院可以根据实际情况决定延迟开庭或按期开庭。

第二百二十五条　向参与庭审人员告知庭审权利及义务

开始法庭调查前，审判长须向诉讼当事人及诉讼参与人告知诉讼权利及义务，特别是向法庭就案件相关的证据进行举证及说明。

第二百二十六条　案情介绍

开始法庭调查前，审判长先对案情进行介绍，之后让原告或原告地位的第三人确认诉讼请求，再向被告确认是否认可原告的诉讼请求。被告反诉的，反诉的程序相同。

被告否认原告的诉讼请求，或原告否认被告的反诉请求且无法调解的，审判长将先对原告及原告地位的第三人的诉讼请求进行法庭调查，再对被告及被告地位的第三人的诉讼请求进行法庭调查，最后对证人及其他庭审参与人进行法庭调查。

第二百六十七条　认可起诉状或反诉状

原告或被告认可起诉状或反诉状的，审判长需向原告或被告确认是认可全部还是部分。

认可起诉状或反诉状全部内容的，合议庭将作出判决而不用再进行调查。认可部分内容的，合议庭将只对没有认可的内容部分进行法庭调查。

第二百二十八条　补正起诉状或反诉状内容

审判员在法庭对案情进行简要陈述后，须向原告确认起诉事实及诉请内容，向被告确认反诉状事实及反诉内容，但原告或被告还有权撤回、变更、补正部分或全部的起诉状及反诉状内容。

第二百二十九条　撤销、变更、补正起诉状或反诉状的程序

原告或被告撤销起诉状或反诉状内容的程序，按本法第一百七十七条办理。

原告或被告变更或补正起诉状或反诉状内容的，合议庭须按照事实或法律法规审理所变更或补正后的内容。

第二百三十条　对原告或原告地位的第三人进行调查

被告否认原告起诉状，或原告否认被告反诉状，且双方无法调解的，合议庭庭长将开始对原告及原告地位的第三人进行法庭调查，原告如果有多人的，合议庭将逐个询问。

在合议庭对原告及原告地位的第三人法庭调查结束后，被告有权对原告观点发表意见。

第二百三十一条　对被告及被告地位的第三人进行法庭调查

对原告进行法庭调查后，合议庭庭长将对被告及被告地位的第三人进行法庭调查，被告有多人的，法庭将逐个进行调查。

对被告进行法庭调查，将重点对反诉状及口供内容中有分歧的问题进行调查，被告须对这些要点进行解释。

在合议庭对被告及被告地位的第三人法庭调查结束后，原告有权对被告观点发表意见。

第二百三十二条　对证人进行法庭调查

对证人进行法庭调查，应针对准备好的争议焦点问题，对证人逐个询问，在对证人进行法庭调查前，合议庭庭长需对与案件相关的焦点问题进行说明，以及告知证人作虚假陈述的责任。

对证人进行法庭调查，证人需对案件或事实进行详细说明，然后，审判员将针对还不清晰的问题进行发问，或者让证人对前后不一致的口供或其他与案件相关问题进行说明。

在对证人进行法庭调查后，原告及被告或当事人的代理人有权对证人进行补充问询。

第二百三十三条　提交物证

按照法院的意见或当事人的申请，合议庭可以要求当事人向法庭提交物证，以便查明案件事实。

第二百二十四条　提交书证

向法庭提交书证的顺序：

（一）没有参加庭审的人，如果已经有口供，合议庭将在法庭上宣读口供；

（二）法庭调查时作出的口供，与之前的口供不一致的，合议庭将让相关人说明及解释原因；

（三）所提供的书证不清晰或存疑的，需要进行说明；

（四）其他当事人申请的与案件相关的资料。

涉及国家机密、政府公文或涉个人私密信息的文件，将不在法庭公开。

在法庭提交书证或物证，需通过书记员提交。

第二百三十五条　证人出庭

有与案件相关的证人没有出庭的，原告、被告有权申请证人出庭，以便法庭对证人进行法庭调查。

对证人进行法庭调查，与本法第二百三十二条规定的对证人进行法庭调查的程序相同。

第二百三十六条　专家或相关机构的意见

庭审中如果有专家参加的，在提交证据后，将让专家按照自身专业领域的知识，对有疑问的鉴定结果发表意见。

当事人所属机构为了维护当事人权益参加庭审的，合议庭需让该机构代表发表意见。

第三节　法 庭 辩 论

第二百三十七条　当事人辩论

当事人辩论，是指在庭审当中原告及被告就有争议的案件事实发表意见。

审判员向法庭出具与案件相关的各个证据，然后宣布原告、被告及监护人之间开始辩论。

原告及被告可向合议庭补充自身有的及对自己有益的证据，审判员在对原告或被告发问当中担任中间人角色。

在辩论中，为了寻找案件的事实和真相，各方须相互发表辩驳意见。

第二百三十八条　法庭辩论的顺序

庭审调查结束后，合议庭将对有争议或疑问的焦点问题进行归纳，以便按照原告、被告、第三人的顺序对所归纳的问题进行辩论，寻找与争议或疑问有关的证据或进行说明。

合议庭就有争议的证据，可提交法庭进行辩论。

第三百三十九条　辩论的范围

当事人辩论或发表意见，不限制时间，但合议庭须控制辩论的范围，围绕案件争议焦点问题进行，如果当事人的发言或举证与案件无关，合议庭须提醒其就案件有关的争议焦点问题发表意见。

第二百四十条　当事人最后陈述

当事人完整清晰地提供证据后，为了让合议庭作出正确及公正的判决，合议庭须让原告、被告对自己的起诉、辩护或反诉意见进行总结，以及对向法庭提交的证据是否完整作最后陈述意见。

第二百四十一条　检察员最后陈述

法庭调查后，如果认为证据全面完整，合议庭将宣布结束辩论，如果有检察员参与庭审，合议庭将申请出庭检察员按照自身职责就案件发表意见，之后，审判长宣布休庭，进入评议阶段。

第四节　评议及宣判

第二百四十二条　机密评议

只有合议庭成员才可以进入合议室对案件进行评议。

合议庭以法庭调查结论为基础，在合议室对案件进行详细、全面、完整及客观的评议，以便作出公正、正确的判决。

合议庭在案件事实及法律规定的基础上，根据对证据的审核及独立认定意见，对起诉或反诉争议焦点逐个进行评议。

第二百四十三条　发表案件评议意见

合议庭对案件进行评议时，应当按多数人的意见作出决定，合议庭发表评议意见时，由资历浅的审判员先发表意见及进行表决，审判长最后发表意见及进行表决。

发表意见与多数意见不一致的审判员，有权以书面形式发表意见，该书面意见为卷宗的组成部分，以便在案件进行再审的时候供法院审议。

第二百四十四条　案件评议录

合议室案件评议意见须制作笔录，审判长授权某一审判员制作笔录，笔录应记录审判员的陈述意见及表决结果，同时合议庭成员签字。

第二百四十五条　初审法庭审判范围

初审法庭根据法律规定及证据，在当事人诉请范围内审判案件，当事人的每一诉讼请求，合议庭都需要审议，当事人没有诉请的事项，合议庭不得审议。

第二百四十六条　判决起草

负责审理案件的合议庭须按照案件事实起草判决，并对当事人诉请要点发表意见。当事人的每一诉请，合议庭都需要在与案件相关证据及法律规定的基础上进行说明及发表意见。

第二百四十七条　判决宣判

合议庭对案件进行审议后，须在法庭当庭宣读判决，宣读判决应公开进行。

在宣读判决之前，除因健康原因且获得合议庭批准的外，当事人需面向合议庭站立，以便听取合议庭的宣判结果。

判决的内容自评议部分开始，由合议庭审判长负责宣读。

第二百四十八条　延迟宣判

案件如果在合议室无法作出判决结论，或者因某种原因不能当庭宣判的，合议庭将择日宣判，但最迟不超过七日。

延迟宣判的决定不得在合议庭进入合议室就案件进行评议并作出初步裁判意见之后作出。

第二百四十九条　初审法院判决

法院以老挝人民民主共和国的名义判决。

法院判决分为前言、案情、案件评议及判决部分。

前言部分写明初审法院名称，判决编号，合议庭成员、书记员、检察员姓名，案件案号及日期，开庭日期，当事人信息，案由及管辖法院。

案情部分须简要阐明原告起诉状及被告、第三人答辩状的内容，包括法律基础、案件事实及需要法院判决的诉求。

案件评议部分须认定法律事实，在证据及法律规定的基础上对原告、被告及第三人提出的每一问题进行分析和评议。

判决部分须阐明当事人是否到庭、判决是否是缺席审判、每一争议点的审判结果、政府税收、法院手续费的承担主体及上诉、抗诉的权利。

法院判决一式两份，一份留存用于送达，一份留存于案件卷宗，当事人及其他相关方需要判决书的，法院复印用于送达的留存件给申请人，并经书记员证明其准确性。

第二百五十条　初审裁判文书的种类

初审法院判决分如下几类：

（一）原告起诉状或被告答辩或反诉理由不充分的，法院须作出不支持原告起诉或被告辩诉状的判决。

（二）原告起诉或被告答辩或反诉理由充分的，法院将作出如下判决：

1. 原告起诉理由充分的，则结合诉请，判决被告按照实际情况赔偿损失、支付罚金或支付所失利益给原告。被告答辩或反诉理由充分的，则结合诉请判决原告按照实际情况赔偿损失、支付罚金或支付所失利益给被告。

2. 原告起诉理由充分的，则结合诉请判决被告返还财产如工具、牲畜给原告，被告反诉理由充分的，则结合诉请判决原告返还财产如工具、牲畜给被告。

3. 原告理由充分的，则结合诉请判决被告返还本金及利息给原告，被告答辩或反诉理由充分的，则结合诉请判决原告赔偿本金及利息给被告。

4. 因租赁或其他原因引起的诉讼，原告起诉书理由充分的，则结合诉请判决被告从土地或房屋搬离，被告答辩或反诉理由充分的，则结合诉请判决原告从土地或房屋搬离。

5. 判决夫妻双方解除婚姻关系。

6. 判决支付抚养费、精神抚慰金。

7. 判决诉讼当事人一方先予执行判决的部分内容。

8. 其他事项。

初审法院对案件形成判决后，应在判决形成之日起二十日内印制判决。

第二百五十一条　先予执行判决（修订）

先予执行判决是指在判决生效前，为减少损失、满足当事人的迫切需求，而执行判决书的部分内容。

被告得知原告起诉或原告得知被告反诉后，人民法院在紧急情况下决定先予执行部分判决的，应立即将先予执行决定送至强制执行机构予以执行。当事人对判决提起上诉不阻碍先予执行的决定的执行。

第二百五十二条　判决签字（新）

审判长和书记员应在判决书上签字，审判长或者书记员由于某种原因不能签字的，应将其姓名打印在判决书上，并由负责的书记员签字确认。

第二百五十三条　制作判决书提供给当事人（新）

初审法院形成判决后，不能在本法第二百五十条规定的期限内印制判决书的，经当事人申请，应先根据庭审笔录的记载制作判决书提要，并由合议庭审判长签署后送达诉讼当事人。

第二百五十四条　判决书更改（新）

判决书存在打印错误、数字错误或者其他技术方面的错误时，应在不影响案件事实和判决结果的前提下予以纠正。

判决书纠正应得到审判长的指示，并当即告知当事人、检察长或者法院的执行部门。

第二百五十五条　缺席审判当事人对判决的知情权（新）

存在缺席审判的情况时，初审法院应通知当事人知悉及制作判决知情记录书，并向相关人告知其有异议权和上诉权。

法院向当事人发出三次判决知情传票后，当事人无理由不到场的，通过其所在村委会或者相关机构确认，法院可执行判决。如当事人上诉或提出异议，将案卷送至上诉法院，上诉法院依法审理。

当事人已离开常驻地，经过村委会确认的，法院可按本法第一百四十九条、第一百五十条的规定，通过公告或者媒体的方式，送达判决书。

第二百五十六条　对缺席判决提出异议的处理（新）

当事人对缺席判决存在异议要求重新对席审判时，应向作出判决的合议庭审判长提出异议申请，申请重新依照诉讼规则对席审理。

重新审判的判决书取代原缺席判决产生效力。

第二百五十七条　上诉情况的处理（新）

知道判决结果后，当事人有权提出预上诉申请，或者直接提交上诉状。

法院应按照法院上诉状模板检查当事人提交的上诉状是否正确，是否在上诉有效期内。若上诉状内容不完整或者不准确，法院应告知当事人并向其解释不合理之处。若上诉状内容准确，法院应接收并告知另一方当事人。

若当事人超期提交上诉状，初审法院也应接收，但应让当事人说明超期的原因，并向其解释超期提交的影响。

若存在预上诉申请、提交上诉状的情况，初审法院应当在判决书生效或者知道判决结果后二十三日内向上诉法院递交卷宗。

第二百五十八条　不上诉的初审判决（修订）

当事人未提出上诉的区域级、省级、直辖市级以及未成年法院作出的初审判决，或者人民检察院在上诉有效期内未提出异议的初审判决，视为生效判决。

在判决生效或者知道判决结果后的二十三日内，初审法院应将该判决结果送至法院的执行部门。

第十二章　上诉法院的案件审理

第一节　对初审判决的上诉权及抗诉权

第二百五十九条　有权受理上诉案件的法院（修订）

省级、直辖市级法院有权依据证据及法律规定受理审判当事人对县级法院的初审判决提出的上诉，或者检察院提出抗诉的案件。

区域法院有权依据证据及法律规定受理审判当事人对省级、直辖市级或者未成年法院的初审判决提出的上诉，或者检察院提出抗诉的案件。

第二百六十条　有权提出上诉、抗诉的人（修订）

案件中的原告、被告或第三人有权对法院的命令、决定和判决提出上诉。

检察院有权对法院不符合法律规定，或者理由不充足的判决提出抗诉。

第二百六十一条　第三人对判决提出异议（修订）

第三人对法院判决提出异议的，按照缺席审判，或者依情况按照一般案件审理的情况受理。

第三人未参加初审审判，但案件在上诉审理期间的，若其认为初审判决结果损害了自身权益，其仍有权对初审判决结果提出异议，要求废除该判决并重新对席审理案件。

第二百六十二条　上诉权、抗诉权的有效期（修订）

当事人和检察院分别有权在当庭审判判决、视为当庭审判的判决或者知道缺席审判结果后的二十日内提出上诉或者抗诉。

当事人在知道法院命令、法院决定后的七日内有权提出上诉。

提出上诉的当事人应依法向法院支付上诉费。

第二百六十三条　上诉（新）

上诉包括预上诉申请、向作出初审判决的法院递交上诉状两种。

当事人有权就证据、法律问题，或者自己对判决不满意的问题，或者自己在初审提出的争议和诉求中未得到审理的问题，向初审法院提出上诉。当事人在初审中未向法院提出的争议和诉求，上诉法院有权决定是否进行商议。上诉法院认为所上诉的问题有理由发回重新审理的，可将案卷发回初审法院重新审理。

先予执行的判决，执行调解的命令，法院关于无民事行为能力人、已解散的法人、夫妻关系、未成年人采取措施的命令和法院的其他暂行措施的命令，不得上诉。

第二百六十四条　上诉状的内容（新）

上诉状的内容包括以下要素：

（一）上诉人姓名、年龄、职业和住址；

（二）要上诉的判决编号；

（三）上诉问题，上诉理由和证据；

（四）递交上诉状的年、月、日，签名。

第二百六十五条　递交上诉状或抗诉书的规则（修订）

当事人或者检察院对法院命令、决定及判决提出上诉或者抗诉的，应将上诉状、抗诉书递交给作出判决的初审法院。

当事人或者检察院向初审法院递交上诉状、抗诉书后，初审法院不受理或者拖延受理的，当事人或者检察院可直接向上诉法院递交该上诉状、抗诉书。

上诉期结束后，因初审法院拖延时间而导致上诉状、抗诉书未在规定期限内提交给上诉法院的，当事人或者检察院有权请求上诉法院调取案件进行审理。

第二百六十六条　上诉撤销权（修订）

辩论结束前，当事人、第三人或者检察院有权撤回全部或部分上诉、抗诉。

当事人、第三人或者检察院撤回上诉、抗诉的，无权再提出上诉、抗诉。

第二百六十七条　撤销上诉和抗诉的情况（新）

上诉人有意撤销针对初审法院的命令、决定或者判决的上诉的，应向相关法院递交撤销申请书以进行商议，当庭撤诉的除外，此时应由书记员对撤销上诉情况进行记录。

法院收到撤销上诉申请后，应就该问题进行商议。若认为撤销上诉不违反法律规定、不损害国家和社会利益的，应当出具准许撤诉决定书。若为全部撤诉，还应将案卷递交至执行部门。

若为部分撤诉的，法院应就未撤诉部分进行审理。

检察院撤销抗诉的，按照撤销上诉的情况处理。

第二百六十八条　上诉或者抗诉的影响（修订）

针对判决提出上诉或者抗诉的，属于暂停执行该判决的理由，但判决先予执行的内容应予执行，其他未判决先予执行的判决内容按照上诉程序处理。

对法院执行命令、决定的措施提出上诉或者抗诉，不属于暂停审理案件的理由。

第二百六十九条　上诉案件受理（新）

提起上诉或抗诉的上诉案件，符合规定的上诉期限和条件的，上诉法院依法予以受理。庭长应当将案件卷宗交由承办审判员研究，以便为庭审做准备。

第二百七十条　超出规定期限的上诉申请（新）

超过法定期限的上诉或抗诉，上诉法院应当作出不受理上诉或抗诉的决定，并将卷宗交由初审人民法院执行，但依法已经过预上诉申请的除外。

人民法院作出的因超过上诉期限而不受理上诉的决定，不可提起上诉。

第二百七十一条　上诉人民法院研究案件（新）

上诉法院审理上诉案件，以证据及法律为依据，重点对上诉请求进行审理。

第二百七十二条　向上诉法院提交补充证据（新）

诉讼当事人有权以书面方式向上诉法院补充证据，补充证据应提供清单并与案件基本事实有关联，且补充证据未向初审法院提交。

上诉法院应审理补充提交的证据，补充证据影响判决的，上诉法院应撤销初审判决，将案卷以及补充的证据发回初审法院重审。

第二百七十三条　上诉法院审理范围（新）

上诉法院审理不服初审法院判决而提起上诉或抗诉的证据问题以及法律问题。

初审法院未审理作出判决或诉讼当事人未上诉的部分，上诉法院不得审理。

第二百七十四条　向人民检察院移送案卷（新）

上诉法院全面审理案件后，应形成案件报告，随同案卷移送人民检察院监督检查。

人民检察院应在收到案卷之日起三十日内完成复核，复核后将案卷移送上诉法院。

第二节　上诉审开庭审理

第二百七十五条　上诉审的庭审参与人

上诉法院应传唤诉讼当事人参与庭审。

人民检察院有权参与上诉审庭审。

诉讼当事人有权申请证人出庭或在开庭前提交补充证据。

第二百七十六条　上诉审庭审规则（修订）

上诉审庭审适用本法第二百二十二条至第二百四十一条规定的初级法院的审理规则。

审判长依照规则宣布开庭后，由承办审判员报告案件情况。审判长要求上诉人或参与庭审的检察员提出上诉或抗诉理由。

上诉审应着重审理上诉或抗诉的问题。

补充提交的证据，审判庭应通知人民检察院检察员，并由诉讼当事人发表质证意见。辩论结束后，听取人民检察院检察员的意见，审判长宣布闭庭合议。

合议不公开。发表合议意见、起草判决书、宣判适用初级法院的规则。

第二百七十七条　上诉审判决（新）

上诉法院以老挝人民民主共和国名义作出判决。

上诉审判决由上诉请求、案件内容、案件性质、案件评议和裁决结果部分组成。

上诉请求、案件内容、案件评议的内容与初审判决相似。

案件性质依照本法关于初审判决的规定，包括初审判决的作出依据、上诉请求的提出与受理、诉讼当事人参与情况、案件具体类型、案件主要事实内容、针对不同争议焦点的裁判理由与结果、诉讼费用的计算与缴纳，以及当事人依法享有的申请终审裁判或提出异议的权利。

判决书一式二份，一份作为复印备份件，一份留存于案卷。诉讼当事人或参与人有权复印判决书的复印备份件，复印备份件由书记员作为证明人。

第二百七十八条　上诉审判决类型

上诉审判决按照下列情形分别处理：

（一）不符合上诉规则的上诉或抗诉，不予受理；

（二）撤回上诉或抗诉的，裁定执行初审判决；

（三）变更初审部分或全部裁决的，重新判决；

（四）撤销初审判决并发回重审；

（五）撤销初审判决；

（六）上诉或抗诉撤销初审判决的，准许先行执行部分裁决。

上诉审的判决是案件事实方面的终审判决。

上诉法院应在上诉判决作出之日起二十日内印制书面判决。

第二百七十九条　撤销或变更初审判决的原因

撤销或变更初审判决的原因包括：

（一）说理不清楚；

（二）证据不全面；

（三）法院评议不符合案件事实；

（四）适用法律错误；

（五）程序违法；

（六）初审法院评议后不裁决或遗留裁决诉请。

第二百八十条　撤销判决后不重新审理（新）

有以下情形之一的，上诉法院撤销判决后不再指定法院重新审理：

（一）诉讼当事人一方死亡且没有继承人的；

（二）诉讼当事人为法人且被注销或破产，没有继续诉讼代表的；

（三）原告无权起诉的；

（四）案件已被裁决的；

（五）诉讼超过时效的。

第二百八十一条　撤销判决后发回重审（新）

有以下情形之一的，上诉法院撤销判决后发回初审法院重新审理：

（一）初审法院的判决证据不全面的；

（二）上诉过程中又补充重要证据，应作为初审基础证据的；

（三）诉讼当事人的请求初审法院有必要予以审理的；

（四）初审法院合议庭组成违法的；

（五）违反民事诉讼程序相关规定的。

第二百八十二条　初审法院重新审理（新）

初审法院应重审上诉法院发回的案件，并根据证据和法律规定作出新的判决。

初审法院应根据客观证据审理上诉法院评议的内容。

第二百八十三条　制作案件审判要点给当事人

上诉法院已对案件进行宣判，但还没有按照本法第二百七十八条规定的时间出具最终书面判决的，在有申请的情况下，法院需要按照庭审结果制作案件审判要点给当事人，案件审判要点由审判庭庭长签署。

第二百八十四条　未申请终审或抗诉的程序（新）

上诉法院的判决未被申请终审或抗诉的，上诉法院应在申请终审期限届满后三日内将上诉审判决以及案卷移送初审法院，以便执行机构执行判决。

第二百八十五条　申请终审或抗诉的程序

当事人收到上诉判决后，有权以预申请及直接递交终审申请的方式向再审法院申请终审。

再审法院须审查终审申请是否符合法院格式文件的要求，同时审查申请是否在规定的期限内提交。如果终审申请书内容不正确或不完整，再审法院应为申请人提供指导意见，如果终审申请书正确，再审法院须接受终审申请，同时告知另一方当事人。

如果终审申请理由非法定事由，与案件无关或法院已经向当事人提出解决建议，同时法院也已经向当事人告知，当事人已经了解终审法院职权，但是当事人不按照法院提出的解决意见处理且仍然决定申请终审的，再审法院应接受终审申请并按照法定程序受理。

第二百八十六条　不得申请终审的情形

上诉判决在下列情况下不得申请终审：

（一）上诉法院维持初审判决，被告已经认可原告的诉讼请求的；

（二）关于牲畜所有权的；

（三）关于通行权的；

（四）案件标的额不超过二千基普的；

（五）上诉法院发回初审法院重审的；

（六）对初审判决预上诉，但未提交上诉状的；

（七）上诉法院维持初审法院的判决，当事人提交终审申请书超过规定期限的；

（八）申请终审法院解决的问题，之前未向初审及上诉法院提出诉请的。

第十三章　终审法院程序

第一节　申请终审和抗诉的权利

第二百八十七条　终审法院（修订）

最高人民法院的判决是终审判决。诉讼当事人不服区域人民法院上诉审提起终审申请，或人民检察院抗诉的，最高人民法院进行法律终审。

诉讼当事人不服省级法院上诉审提起终审申请，或人民检察院抗诉的，区域人民法院进行法律终审。

第二百八十八条　有权提起终审的人（修订）

作为诉讼当事人的原告、被告或第三人以及人民检察院有权对上诉法院的命令、裁定、判决提起终审申请或抗诉。诉讼当事人或人民检察院应说明申请终审的理由。

初审判决未经上诉，不得提起终审申请或抗诉。

第二百八十九条　终审申请（新）

申请终审可以预申请或向上诉法院提交终审申请书。

诉讼当事人可以就法律问题提起终审申请，对于案件事实问题的终审申请，不予审理。

终审申请书应包括以下主要内容：

（一）申请人的名称或姓名、年龄、职业、住所；

（二）申请终审的判决书编号；

（三）申请终审的法律原因等主要理由；

（四）提交终审申请书的日期及签名。

第二百九十条　终审申请期限（修订）

诉讼当事人或人民检察院对上诉法院的判决申请终审或抗诉，应自上诉法院当庭宣判之日或知道判决之日起三十日内提起。

诉讼当事人或人民检察院对上诉法院的命令、裁定申请终审或抗诉，应自知道之日起十日内提起。

诉讼当事人不能在规定期限内及时向上诉法院提交申请书但预申请的，可以在判决前向终审法院提交终审预申请书。

第二百九十一条　终审申请或抗诉规则（新）

对上诉法院的判决、裁定、命令申请终审或抗诉的，诉讼当事人或人民检察院应通过上诉法院向终审法院提交终审申请书或抗诉书。

上诉法院拒收或不移送终审申请书或抗诉书的，诉讼当事人或人民检察院有权直接向终审法院提交终审申请书或抗诉书。

申请终审期限届满，上诉法院接收终审申请书或抗诉书后不向终审法院移送案卷的，诉讼当事人或人民检察院有权申请终审法院指令上诉法院移送案卷审查。

第二百九十二条　终审请求权行使方式

申请终审的诉讼当事人依照法律规定缴纳终审处理费和申请费。

终审申请书或抗诉书应通过作出判决的上诉法院向区域人民法院或最高人民法院提交，上诉法院应向申请人说明申请终审的规定、终审申请书的格式、终审申请费用以及相关权利。超过终审申请期限的，上诉法院也应接收当事人提交的终审申请书。

上诉法院收到终审申请书或抗诉书之日起七日内应通知另一方诉讼当事人。申请终审期限届满的，上诉法院应将申请书或抗诉书以及案卷在三日内移送终审法院。

第二百九十三条　撤回终审申请的权利（新）

申请终审的诉讼当事人有权撤回自己的终审申请。

撤回终审申请书或抗诉书，应以书面方式向相关法院提出。

终审法院审判庭应审查撤回终审申请书或抗诉书，撤回申请不违反法律规定，不损害国家、社会利益的，审判庭作出准许决定，并将案卷移送执行机构执行。但有其他终审申请人的除外。

第二百九十四条　提交终审申请的效力

终审申请书或抗诉书提交至终审法院的，中止上诉法院判决的执行。但是，依照本法规定先予执行的除外。

第二节　终审审理程序

第二百九十五条　受理（新）

终审法院收到案卷后，审判庭庭长应指定审判员承办案件。

终审申请或抗诉超过法定期限的，终审法院审判庭应裁定不予受理，并将案卷移送初审法院，初审法院移送相关执行机构执行。

第二百九十六条　终审法院案件审查（新）

终审申请书在法定期限内提交的，终审法院应审查终审申请是否为法律争议。属于法律争议的，终审法院应审查下级法院关于案件原因、法律适用和诉讼程序相关问题。

终审请求不属于法律争议的，不予审理。

承办审判员收到案卷后，应在三个月内完成审查。不能完成的，应依照本法第三十条的规定申请延期。

第二百九十七条　向人民检察院移送案卷（新）

终审法院全面审查案卷后应形成审查报告，随同案卷移送相关人民检察院复核审查。

人民检察院应在收到案卷之日起三十日内完成复核，复核后将复核结果和案卷移送人民法院合议。

第二百九十八条　终审法院审理范围

终审法院主要审理：

（一）案件适用诉讼程序法的情况；

（二）案件原因的解释；

（三）案件适用法律、法条的情况。

第二百九十九条　不开庭审理

事实争议，上诉法院的判决为最终判决。

终审法院根据案卷审理法律争议，不再询问和开庭。必要时，终审法院可以传唤诉讼当事人到庭或进行调查。

第三百条　终审法院审理规则

终审法院的审理规则适用本法第二百七十六条的规定。

终审法院应在收到案卷之日起三个月内完成审理。

第三百零一条　终审法院判决（新）

终审法院以老挝人民民主共和国的名义判决。

终审判决由终审请求、案件内容、案件性质、案件评议和裁决结果部分组成。终审请求、案件内容、案件评议的内容与初审判决相似。

判决书制作二份，一份作为复印备份，一份留存于案卷。诉讼当事人或参与人有权复印判决书的复印备份，复印备份件由书记员作为证明人。

第三百零二条　终审法院判决类型

终审判决包括：

（一）不符合终审规则的终审申请或抗诉，不予受理；

（二）撤回终审或抗诉的，判决执行上诉法院的判决；

（三）变更上诉法院判决部分或全部法律争议，依下级法院确定的案件性质重新判决；

（四）撤销上诉判决，发回上诉法院重审；

（五）撤销上诉法院判决，不移送任何法院重新审理。

第三百零三条　撤销上诉法院判决但不重审（新）

终审法院可以依照本法第二百八十条的规定撤销上诉法院判决

但不重审。

第三百零四条　撤销上诉法院判决发回重审

有下列情形之一的，终审法院可以撤销上诉法院判决发回重审：

（一）上诉法院确定的案件性质不准确；

（二）上诉法院遗漏上诉请求未审理；

（三）初审法院违反法定程序，但上诉法院未予纠正；

（四）上诉法院适用法律错误；

（五）法律规定的其他情形。

第三百零五条　上诉法院重审（修订）

上诉法院应审理终审法院发回重审的案件，并依据证据和法律重新判决。

发回重审的案件有事实和法律依据的，上诉法院依据终审法院的判决意见审理。

第三百零六条　按照终审法院判决意见进行判决

终审法院发回上诉法院重审的案件，上诉法院新组成的合议庭作出和终审法院审判意见不一致的判决的，如果当事人没有向终审法院申请终审，相应的人民检察院可以按照自身职权向终审法院提出抗诉。

如果终审法院作出原判决意见并发回上诉法院进行第二次重审，上诉法院必须按照终审法院的判决意见作出判决。

第十四章　人民法院判决的执行

第三百零七条　人民法院判决的执行（新）

法院判决执行，是指正确地执行本法第三百零八条规定的生效的法院文书，实现法院文书内容，以便救济国家、集体及个人受侵害的权益。

第三百零八条　法院文书（新）

可以用来执行的法院文书是指：

（一）区域法院、省级法院及直辖市法院已经生效的命令、裁决及民事初审判决；

（二）省级法院、直辖市法院及区域法院已经生效的命令、裁决及民事上诉审判决；

（三）最高人民法院、区域法院作为终审法院作出的没有发回下级法院重审的及生效的命令、裁决及民事判决；

（四）法院作出的先予执行的判决；

（五）法院作出的执行法院调解协议的命令；

（六）获得老挝法院承认及执行的外国法院作出的已经生效的命令、裁决及判决；

（七）老挝法院承认的老挝国内仲裁机构作出的仲裁裁决或调解书，以及按照老挝所缔结的国际条约，获得老挝法院承认及执行的外国仲裁机构作出的仲裁裁决或调解书。

第三百零九条　法院文书的效力（新）

本法第三百零八条规定的生效法院命令、裁决及判决，各党政机关、建国阵线、大众组织、社会团体、经济组织及个人都要给予尊重，与法院文书相关的个人及组织都要严格执行。

已经生效的法院命令、裁决及判决，不得变更，但申请重审的情况除外。

第三百一十条　执行法院判决的方式（新）

法院判决执行工作人员是执行已经生效法院文书的负责人，法院判决执行工作人员研究及传唤案件当事人到场，以告知执行内容及对执行内容进行指导、宣传，根据民事损害赔偿责任人的经济情况规定执行期限。

如果被执行人不自觉履行，法院执行工作人员可以出具工资或收入抵扣命令，或出具财产扣押命令，以便根据实际情况进行拍卖或清算。

除此之外，在实际执行当中，法院判决执行工作人员还有权出具其他类型命令，以便法院文书获得执行。

具体的执行方式、程序，由法院判决执行法另行规定。

第三百一十一条　中止执行法院判决（新）

执行工作人员将在下列情况下中止执行法院判决：

（一）民事损害赔偿责任人死亡，但有继承人的；

（二）民事损害赔偿责任人成为无民事行为能力人或成为精神病患者；

（三）民事损害赔偿责任人在执行地外执行公务或治疗；

（四）负有民事损害赔偿责任的法人破产或解散；

（五）最高人民检察院在法律规定的时间内提交抗诉；

（六）按照法院判决执行法的规定，检察院申请中止执行法院判决；

（七）生效的法院判决与实际情况不符而无法执行的；

（八）向国会申请重议，以及已经与司法机构进行沟通。

上述法院判决中止执行理由解除后，法院判决将继续被执行。

第三百一十二条　终止执行法院文书（新）

法院文书将在下列情况下被终止执行：

（一）法院文书全部执行完毕；

（二）债权人放弃债务，在债权人收到三次传票后，仍然没有向执行工作人员报到，且理由不充分的，认为是债权人放弃债务；

（三）被执行人死亡，以及按照法律规定没有可让他人继承的财产、权利及义务；

（四）法院判决被变更、撤销或取消后，作出了当事人无须执行的新的决定。

法院判决终止执行后，执行工作人员须向所在的执行机构申请出具判决执行结案命令，同时送达当事人、检察院、地方国会及地方政府。

第十五章　再审程序

第三百一十三条　再审受理

再审程序由诉讼当事人申请或最高人民检察院依职权提起。最高人民检察院依职权提起再审的目的在于准确适用法律。

人民法院的生效命令、裁定或判决可以启动再审。

最高人民法院收到最高人民检察院的再审申请后应复核案卷。

再审案件由最高人民法院审理。

第三百一十四条　不予受理再审（新）

最高人民检察院决定不申请再审或最高人民法院决定撤销再审案件的，诉讼当事人不得就同一争议申请再审。但是，法律另有规定的除外。

第三百一十五条　启动再审的情形（修订）

有以下新的证据，可以启动再审：

（一）证人作假证、专家提供虚假意见、翻译错误及使用假的证据导致错误判决；

（二）审判人员、检察院工作人员偏袒一方，造成错误判决；

（三）有与案件有关的新证据还没有提交法院审理，且再审申请当事人也无法知道在案件审理当时还存在该新的证据；

（四）有其他可以关联到新证据的事实，但法院在审理时并不知晓；

（五）已生效的法院判决侵害了没有参与案件审理的第三人的权益，该第三人提出再审申请的。

第三百一十六条　再审期限（修订）

诉讼当事人可以在判决生效后一年内申请再审。未参与案件的第三人自知道判决之日起一年内可以申请再审。

最高人民检察院为正确适用法律申请再审不受期限限制。

第三百一十七条　提交再审申请

诉讼当事人或第三人有新的证据时，可以向最高人民检察院提交再审申请书。诉讼当事人申请再审应依照法律规定缴纳申请费。

最高人民法院依照最高人民检察院的申请，依照终审法院的审理规则审理再审案件。

第三百一十八条　再审审理程序（新）

最高人民检察院收到诉讼当事人的再审申请后应传唤诉讼当事人、与案件相关的第三人了解案件情况、说明申请理由，复核案件证据。经审查不符合再审条件的，决定不予受理。符合再审条件的，向最高人民法院申请再审。

受理或不受理再审的决定应告知诉讼当事人或与案件相关的第三人。

最高人民法院收到再审申请书后，应全面复核案卷、证据，最后提交审判委员会审理。

第三百一十九条　再审判决类型

最高人民法院审理再审案件的判决类型：

（一）驳回最高人民检察院的再审申请；

（二）撤销生效判决，发回初审法院重新审理。

第三百二十条　不启动再审（新）

最高人民法院经审查认为再审申请不符合法律规定的，作出不予再审决定，并将案卷移送执行机构执行。

第三百二十一条　再审程序

最高人民法院决定再审的，应将案卷移送初审法院依照法律规定的程序重新组成合议庭审理。

初审法院应按照初审程序启动审理程序，审理案件新的以及原有证据。

初审法院的判决应载明再审案件经过的所有诉讼程序。

第十六章　民事非讼案件

第一节 民事非讼案件的一般规定

第三百二十二条　民事非讼案件的审理

民事非讼案件，是指当事人没有纠纷，但需要申请法院确认某种事实，法院将在没有被告或相对方参加的情况下审理的案件。

第三百二十三条　民事非讼案件管辖

在符合本法第三百三十一条、第三百三十七条、第三百四十三条及第三百五十一条规定的条件下，法院将受理民事非讼案件。

县法院有权审理关于民事及家庭的民事非讼案件，省级、直辖市及未成年人法院，有权审理有关商业、未成年人的民事非讼案件。

第三百二十四条　民事非讼案件申请

民事非讼案件申请须以书面形式作出并向有管辖权的法院提交。

民事非讼案件申请书须包含以下基本内容：

（一）申请人姓名、年龄、职业及住址；

（二）申请人与申请案由之间的关系；

（三）案情简介；

（四）向法院申请审议的问题；

（五）申请人签名及捺手印。

申请人需通过村一级组织附上与案件相关的文件与申请书一同提交。

第三百二十五条　案件审理参与人

案件审理参与人包括申请人、地方政府或组织代表、证人或其他相关人士。

申请人须参与案件审理并向法院阐明申请事项，法院可以要求与案件相关的人士参与案件审理，以便提供与案件相关的信息及指明案件的要点，如果案件与国家、未成年人及无民事行为能力人相关联，须有检察院参与案件审理。

第三百二十六条　非讼案件的庭审

法院须对非讼案件进行公开审理，庭审程序与案件初审庭审程序相同。

合议庭应让申请人先发表意见，以及对证人及其他相关人进行询问。

合议庭依据证据审理民事非讼案件，在庭审宣判之前，须先让检察院发表意见。

第三百二十七条　民事非讼案件的决定

民事非讼案件的决定，须以判决的形式作出，判决的内容须阐明案件事实及对案件每一审判要点给出理由。

民事非讼案件的判决须送达同级检察院审查，如果没有上诉或抗诉，将判决送达法院判决执行机构执行。

第三百二十八条　上诉及抗诉

申请人、相关第三人或检察院有权按照本法第二百六十二条关于上诉的规定对民事非讼判决提起上诉或抗诉。

第三百二十九条　上诉或抗诉期限

在判决送达之日起二十日内，申请人、相关第三人或检察院有权对判决提起上诉或抗诉。

第三百三十条　民事非讼案件的种类

民事非讼案件分为最基本的下列几类：

（一）认定无民事行为能力；

（二）宣告失踪或死亡；

（三）土地证或其他文书遗失；

（四）缺席审判。

第二节　认定无民事行为能力

第三百三十一条　申请认定无民事行为能力

父母、监护人、学校或相关组织代表，有权向法院申请在自己监护下的某人为无民事行为能力人。

申请书须按照法院格式文件以书面形式作出，内容完整，同时须附上证明被申请人为无民事行为能力人的证据，如医生诊断证明。

申请人或被申请人须向有管辖权的初审法院递交申请。

第三百三十二条　受理认定无民事行为能力之诉

法院须受理认定无民事行为能力之诉，但申请书不符合本法第三百二十四条规定的除外，如果申请书不符合本法第三百二十四条规定不完整、不全面的，法院须指导申请人更改申请书，待申请书符合规定后，法院受理案件。

在申请书符合规定后，法院须制作成卷宗并在十五日内审理案件。

第三百三十三条　认定无民事行为能力之诉的审理程序

合议庭庭长须将卷宗指定某一审判员负责，审判员须对证据、医生诊断证明进行审查，对相关监护人、证人进行询问，如果审判员认为证据全面、充分的，对案件事实进行总结以便审理宣判。

合议庭的审理程序，按本法第三百二十六条办理。

在案件审理期间，如果有医生诊断证明被申请人恢复民事行为能力，申请人须撤回申请，法院须对案件进行结案。

第三百三十四条　认定无民事行为能力判决

法院可以作出判决认定或不认定公民为无民事行为能力人，如果法院认定公民为无民事行为能力人，即使没有申请，在判决中也需指定无民事行为能力人的监护人。

第三百三十五条　认定无民事行为能力判决的效果

法院判决认定公民无民事行为能力的，该公民所作出的行为不具有法律效力，如签署协议的行为。

无民事行为能力人的财产由监护人代管，监护人有权因赡养、看护被监护人，或因保护财产不受到损失的原因使用被监护人的财产。

第三百三十六条　撤销认定无民事行为能力的判决

医生诊断证明无民事行为能力人恢复民事行为能力后，申请人或相关人有权向相关初审法院申请撤销认定无民事行为能力的判决。

法院审理撤销认定无民事行为能力判决之诉须在十五日内完成。

法院作出撤销认定无民事行为能力的判决后，该公民成为完全民事行为能力人。

第三节　宣告失踪或死亡

第三百三十七条　宣告失踪或死亡申请（新）

夫妻、父母、亲属或相关组织有权向人民法院提起受理宣告失踪或死亡的申请，申请应以书面形式提出，内容符合人民法院指定的格式要求，并提供被宣告失踪或死亡人员的证明材料。

申请宣告失踪应满足被宣告失踪人失去联系二年，或发生事故导致无法联系达到六个月，提供寻人启事、公告或其他形式的证明材料。申请宣告死亡应满足被宣告死亡人在战争或自然灾害中失去联系。

第三百三十八条　受理宣告失踪或死亡申请（新）

收到申请后，法院须审查递交申请的人是否有权递交、申请书的格式是否符合法院规定、申请书的内容是否正确全面及是否有足够的证据支持所申请事项，如果申请书不正确，法院须向申请人提供指导意见，以让申请人修改错误的地方，然后法院再受理申请书。

如果认为申请书正确，法院须做成卷宗，然后在十五日内进行审理。

第三百三十九条　审理宣告失踪或死亡申请的程序（新）

合议庭庭长将卷宗交某一审判员研究，审判员将审查证据、报案证明材料，问询相关第三人，如果认为证据充分，合议庭须通过媒体公告寻人启事，并在被宣告失踪人住所地法院、村政府及被宣告失踪人最后所在地张贴寻人启事，公告期三个月。

公告期满后，合议庭须开庭对案件进行审理宣判，开庭程序按本法第三百二十六规定办理。

在案件审理期间，如果被宣告失踪人出现，或申请人撤回申请的，法院须对该案进行结案。

第三百四十条　宣告失踪或死亡判决

法院可判决宣告某人失踪或死亡，或撤销申请人的申请，或判决不宣告某人失踪或死亡。如果法院判决宣告某人失踪或死亡，判决书中须指定被宣告失踪或死亡人的财产管理人。

第三百四十一条　被宣告失踪或死亡的法律效果

法院判决某人失踪或死亡后，被宣告失踪或死亡人有财产的，债权人可向法院请求偿还债务，以及申请对财产进行拍卖以便偿还债务。

被宣告死亡自然人的继承人，有权按照法律规定继承遗产。

财产管理人，有权因支付管理财产的费用，或支付赡养被宣告失踪或死亡人子女的费用（如有）而处置财产。

第三百四十二条　申请撤销宣告失踪或死亡判决

如果有证据表明被法院判决宣告失踪或死亡的人还有生命，相关申请人有权向初审法院申请撤销宣告失踪或死亡判决。申请人需提供被宣告失踪或死亡人还有生命的证据，同时说明该人不与家庭联系的原因。审理撤销宣告失踪或死亡判决的申请，需在十五日内完成。

在法院撤销宣告失踪或死亡判决后，被宣告失踪或死亡人的权利全部恢复，剩余的财产将送还该人。

第四节　土地证遗失证明

第三百四十三条　土地证遗失证明申请书（新）

当事人申请法院审理土地证遗失证明的申请书应通过土地所在地县级土地管理部门提出。申请书应包括土地的来源、遗失土地证的原因，并提供与土地相关的证明材料。

第三百四十四条　土地管理部门审查（新）

土地管理部门收到申请书后，应及时审查，收集相关材料，调查土地来源。土地管理部门审查后提出审查报告并提出处理意见，申请人将审查报告和处理意见提交法院审理、作出土地遗失证明。

第三百四十五条　土地使用权人的保证（新）

法院收到申请书以及土地管理部门的证明材料后，应传唤土地使用权人接受询问，土地使用权人应证明土地来源，并保证土地证遗失。

第三百四十六条　法院审理土地证遗失证明的申请（新）

法院审理前应与村政府和相关机构共同检查土地情况，在申请人所在地、土地所在地村政府、受理法院粘贴公告或者通过媒体公告，公告期限为三十日。其他人未提出异议或反对的，人民法院对土地证遗失证明申请作出确认裁定。

第三百四十七条　土地证遗失证明的裁定（新）

土地证遗失证明的裁定依照最高人民法院规定的固定格式作出，裁定应记载土地来源和土地证遗失的原因。

土地证遗失证明的裁定自作出之日起即生效。

第三百四十八条 颁发新的土地证副本（新）

人民法院作出土地证遗失证明的裁定后，申请人应持裁定申请新的土地证副本。土地管理部门应依照人民法院的裁定，按照当事人的申请依法颁发新的土地证副本。

第四百四十九条 对土地证遗失证明裁定的上诉或抗诉（新）

人民法院作出土地证遗失证明驳回裁定的，申请人有权自知道裁定之日起二十日内提起上诉。

土地管理部门颁发新的土地证副本后，第三人有异议的，应向相关法院提起异议申请，人民法院应依法审查。

人民法院收到异议申请，应发出扣押土地证副本的命令，依法审查异议申请。

第五节 缺席判决

第三百五十条 缺席判决的种类（新）

下列诉讼案件中，人民法院可以在债务人作为被告缺席的情况下作出判决：

（一）借贷合同纠纷中，原告要求返还借款，但债务人无正当理由不应诉或无法联系的；

（二）夫妻关系纠纷中，夫妻一方无正当理由不应诉或无法联系的；

（三）其他诉讼案件中，被告无正当理由不应诉或无法联系的。

第三百五十一条 缺席判决的申请（新）

人民法院无法传唤被告应诉答辩，原告不知晓被告新的住所或被告无法联系的，原告可以向法院提出缺席判决申请，人民法院依照本法第三百五十四条和第三百五十五条的规定进行审查。

第三百五十二条　审理缺席判决申请（新）

被告无法联系且原告提出缺席判决申请的，人民法院应审理原告申请，申请不符合本法第三百二十四条规定的，人民法院应告知原告按照规定补正。

申请符合规定的，人民法院应审查缺席判决申请。

第三百五十三条　被告缺席判决的诉讼规则（新）

审判庭应将诉讼卷宗指派承办审判员研究，依照原告的诉讼请求收集相关证据，传唤或邀请被告的父母、亲属、所在单位或村政府参与诉讼活动，并通过粘贴公告或媒体公告通知被告应诉。

被告缺席的案件，法庭合议依照本法第三百二十六条的规定执行。

第三百五十四条　粘贴法院传票（新）

人民法院收到原告提交的缺席判决申请书和承诺书后，应在被告最后住所地、村政府办公场所和受理法院办公场所粘贴公告，要求被告应诉答辩、领取传票，公告期限为三个月。

第三百五十五条　亲属参与诉讼活动（新）

法院应传唤或要求被告的父母、亲属或被告所在单位参与诉讼活动，了解被告财产状况和其他情况作为裁决依据。

必要时，人民法院应调查被告财产。

第三百五十六条　被告缺席的判决（新）

人民法院审查后，应依照本法第二百五十条的规定对原告的请求作出判决。

第三百五十七条　缺席判决的送达和公告（新）

人民法院依照原告的申请作出判决后，应将判决书送达被告的父母、亲属或被告所在单位、村政府。判决涉及其他相关主体的，应在被告财产所在地、最后住所地、村政府办公场所和受理法院办公场所粘贴判决，公告期限为三十日。

第三百五十八条　缺席判决的上诉或抗诉（新）

原告有权在知道判决之日起二十日内提起上诉或申请抗诉。

被告有权在公告规定的三十日内或公告期满后二十日内提起上诉或申请抗诉。期满后未提起上诉或申请抗诉的，判决即生效，应在生效后三日内执行。

第三百五十九条　对判决书有异议的重新审理（新）

被告对缺席判决提出异议的，应提交答辩状和证据，人民法院应依法重新审理。

询问笔录、纠纷发生地调查记录和其他相关材料，由人民法院依法审查并作为判决依据。

第十七章　民事诉讼国际合作

第三百六十条　民事诉讼国际合作的原则

老挝人民民主共和国法院与外国法院在民事程序上的合作应遵守相互尊重独立、主权、领土完整，不干涉内政，平等互利的原则，并遵守老挝加入的国际条约和协定。

与老挝未有条约或协定的外国，以对等原则处理，但不得违反老挝宪法和法律规定。

第三百六十一条　涉外诉讼程序（修订）

在老挝的个人、企业、组织起诉在外国的个人、企业、组织，或在外国的个人、企业、组织起诉在老挝的个人、企业、组织，依照司法互助协议处理。没有司法互助协议的，通过老挝外交部提交起诉状，以送达被告所在地国家司法机关审查。

外国人之间的争议经协议约定由老挝人民民主共和国法院处理的，适用本法规定。

第三百六十二条　外国法院判决的认可（修订）

老挝人民民主共和国认可和执行外国法院判决，应通过老挝人民民主共和国驻外国使领馆或代表机构，并将外国法院判决翻译为老挝语。符合以下情形的外国判决，老挝法院依法审查认可：

（一）判决的作出国家与老挝共同加入国际条约；

（二）外国判决不侵害老挝国家主权，不违反老挝法律规定；

（三）外国判决不侵害老挝社会秩序。

认可外国仲裁机构的裁决适用认可外国判决的相关规定。

第三百六十三条　认可外国法院判决的申请（新）

申请认可和执行外国法院判决的，应通过老挝外交部提交申请书，由老挝司法部先予审查。老挝司法部审查后，由最高人民法院依法指令法院审查。

申请认可和执行外国法院判决的申请书应包括以下内容：

（一）申请人的姓名、名称和住所；

（二）外国法院判决中败诉方在老挝的姓名、住所；

（三）载明尚未执行的债权或资产数额；

（四）申请人签名。

申请人应将外国判决翻译成老挝语并经公证机关公证。

申请认可和执行外国法院判决的费用执行法院诉讼费法的规定。

第三百六十四条　认可外国法院判决的申请附件材料（新）

认可外国法院判决的申请附件材料应包括：

（一）外国法院判决；

（二）外国法院判决的生效证明；

（三）老挝加入的相关国际条约；

（四）其他相关材料。

上述附件材料应翻译为老挝语并经公证机关公证。

第三百六十五条　认可外国法院判决的审查程序（新）

收到申请书和外国判决后，法院应立案并将所有材料整理为卷宗移交审判员审查。

法院应传唤在老挝的外国法院判决中的败诉方。

法院审查期限不得超过三十日。

法院应邀请同级人民检察院参与案件审查。

第三百六十六条　外国法院判决的认可或不认可（新）

法院可以认可或不认可外国法院的判决。

有以下情形之一的，法院不认可外国法院的判决：

（一）外国法院判决未正式生效的；

（二）外国法院判决确定的败诉方未参与案件审理，缺席判决的；

（三）外国法院判决的案件，属老挝法院专属管辖的；

（四）外国法院判决违反老挝宪法和法律规定的；

（五）外国法院判决存在其他不能认可问题的。

第三百六十七条　外国法院判决的认可或不认可裁定的通知（新）

老挝法院认可或不认可外国法院的判决，应向诉讼当事人和人民检察院送达裁定。诉讼当事人在外国的，法院依照规定通过老挝司法部送达。

第三百六十八条　上诉或抗诉

诉讼当事人或人民检察院有权在知道裁定之日起二十日内，对老挝人民民主共和国法院认可或不认可外国法院判决的裁定提起上诉或抗诉。

依法上诉或抗诉的，作出裁定的法院应将案件卷宗报送上诉法院审查。

上诉法院作出的裁定为最终裁定，不得申请终审法院裁决。

第十八章　附　　则

第三百六十九条　组织实施

本法由老挝人民民主共和国政府、最高人民法院、最高人民检察院负责组织实施。

第三百七十条　生效

本法自老挝人民民主共和国主席颁布主席令之日起生效。

本法取代 2004 年 7 月 17 日国会第 2 号公布的民事诉讼法。

法规、条例与本法冲突的无效。

老挝人民民主共和国宪法[①]

（本法于2025年3月20日经第九届国会第二次会议审议通过 2025年3月22日国家主席令第037号颁布施行）

前　言

数千年来，老挝各族人民世代繁衍生息在这片美丽的土地上。公元十四世纪中叶，我们的祖先在法昂王朝时期建立了统一繁荣的澜沧王国。

自十八世纪起，老挝屡遭外敌入侵，英勇的老挝人民秉承光荣斗争传统，为捍卫国家独立与自由进行了不屈不挠的抗争。

1930年后，在前印度支那共产党及现老挝人民革命党的正确领导下，各族人民经过艰苦卓绝的斗争，最终推翻了殖民主义与封建制度的压迫统治，于1975年12月2日宣告老挝人民民主共和国成立，开启了国家独立、人民自由的历史新纪元。

解放以来，在老挝人民革命党的领导下，全国各族人民忠实履行"保卫祖国、建设祖国"两大战略任务，深入推进革新事业，凝聚国家力量，不断完善人民民主制度，致力于实现国家富强、人民幸福、社会和谐、民主公正、文明进步，为社会主义事业奠定坚实

① 《老挝人民民主共和国宪法》条文序号后标注"修订"的条款，为经过修改的条款，标注"新"的条款，为本次修改新增加的条款。

基础。

新时期的发展要求国家依法治国、依法管理社会经济。为此，老挝于 1991 年 8 月 15 日颁布首部宪法。为适应革新事业深化发展的需要，该宪法先后于 2003 年、2015 年进行修订。2015 年宪法修订着重提升国家权力运行效率，为国家发展创造新机遇，促进区域与国际经济融合。本次 2025 年宪法修订旨在进一步完善国家权力体系，增强经济建设自主性。

本宪法确认了人民在解放事业、建设事业及革新进程中取得的伟大成就，确立了国家政治制度、社会经济制度，规定了国防安全、外交政策、公民基本权利与义务，以及新时期国家机构的组织原则。

本宪法凝聚了全国人民的智慧，体现了各族人民建设和平、独立、民主、统一、繁荣国家的共同意志。

第一章　政治制度

第一条

老挝人民民主共和国是独立的主权国家，领土完整不可侵犯，包括领陆、领水及领空，是统一的多民族国家。

第二条

老挝人民民主共和国是人民民主国家，国家的一切权力属于人民，为以工人、农民和知识分子为主体的社会各民族各阶层人民服务。

第三条

老挝各族人民的国家主人翁权利，通过以老挝人民革命党为领导核心的政治制度予以保障和实现。

第四条

人民设立国会和地方人民议会作为权力的代表机构。

国会议员和地方人民议员依普遍、平等、直接和无记名投票原则选举产生。

选民有权依法对不称职的代表提出罢免动议。

第五条

国会、地方人民议会及国家机构依民主集中制原则组建和运行。

第六条

国家保障公民的自由与民主权利不受侵犯。国家机关及公职人员应宣传并严格遵守法律法规，保护人民的合法权益。

禁止任何侵害公民人身、财产、名誉及精神权益的特权霸凌行为。

第七条（修订）

建国阵线、老挝退役军人协会、老挝工人联合会、老挝妇女联合会、老挝人民革命青年团等社会团体，是团结动员各族各界参与国家建设、发挥国家主人翁权利、维护成员权益的群众组织，有权监督国会、地方人民议会及其议员的活动。

第八条

国家实行民族团结与平等政策。各民族有权保持和发展本民族及全民族的优良传统文化，禁止任何民族分裂和歧视行为。

国家采取有效措施，持续提升各民族经济社会发展水平。

第九条（修订）

国家尊重和保障佛教及其他宗教信徒的合法活动，鼓励宗教人士参与有利于国家和人民的事业和活动。

禁止任何破坏宗教和谐、分裂人民团结的行为。

第十条（修订）

国家实行依宪治国、依法治国原则。

党政机关、建国阵线、退役军人协会、群众组织及全体公民必须遵守宪法和法律，在宪法和法律的范围内活动。

第十一条（新）

老挝人民民主共和国的国土完整不可侵犯。

任何破坏国家独立、统一、民主、领土完整及经济建设的行为将受法律严惩。

第十二条

老挝人民民主共和国奉行和平、独立、友好、合作的外交政策。在和平共处、互相尊重独立、主权和领土完整、互不干涉内政和平等互利的原则上发展与世界各国的友好合作关系。

老挝人民民主共和国支持各国人民争取和平、独立、民主和社会进步的正义斗争。

第二章　社会经济制度

第十三条（修订）

老挝人民民主共和国实行多种经济成分和多种所有制形式并存的长期、稳定的社会主义市场经济制度，各种经济成分在法律之下既竞争又合作。在保障经济独立自主的前提下，国家鼓励发展知识型经济，积极参与区域和国际经济合作，确保国民经济持续稳定发展，促进社会和谐与环境可持续发展，不断提高人民群众的物质文化生活水平。

第十四条（修订）

国家鼓励和支持各类市场主体依法开展投资、生产和经营活动，运用科学技术和创新成果推进工业化、现代化进程，促进国民经济持续增长。

第十五条（修订）

国家鼓励外国投资者在老挝人民民主共和国投资，提供便利的投资环境，以吸引先进绿色的科技、创新理念及管理经验进入生产、经营和服务领域。

外国投资者在老挝人民民主共和国合法的资产和资金不被征用、占有或征收。

第十六条

国家依法保护和发展国家所有制、集体所有制、个人所有制以及国内外私人投资者在老挝人民民主共和国的各类财产所有权。

第十七条

国家依法保护自然人、法人和其他组织对财产的占有、使用、收益和处分等权利，保障合法继承权。

土地、矿藏、水流、森林、草原、荒地、滩涂等自然资源，以及野生动物资源、水产资源等属国家所有，由政府依法统一管理。

第十八条

国家实行社会主义市场经济体制，强化宏观调控职能，建立中央统一领导与地方分级管理相结合的经济管理体制。

第十九条（修订）

国家推动保护自然资源、修复被破坏的环境，坚持可持续发展。

一切组织和个人都必须履行保护生物多样性和生态环境的义务，实现自然资源的可持续开发利用。

第二十条

老挝人民民主共和国在相互尊重独立、主权和平等互利原则基础上，实行对外开放政策，开展多方位、多层次、多形式的国际经济合作。

第二十一条（修订）

国家实施绿色发展战略，促进经济、社会、文化和环境的协调可持续发展，优先开发人力资源。

第二十二条

国家大力发展教育事业，培养德智体美劳全面发展的社会主义建设者。

国家和社会应当保障全体公民，特别是偏远地区居民、少数民族、妇女、儿童和残疾人平等接受教育的权利。

鼓励和支持社会力量依法参与教育事业。

第二十三条（修订）

国家保护和发展民族优秀传统文化，有选择地吸收人类文明有益成果。

国家鼓励文艺创作和文化创新，加强文化遗产、历史遗迹和自然遗产保护工作，支持文物和重要文化场所的修缮保护。

国家规范和发展传媒产业，服务国家建设大局。

禁止任何损害国家利益、破坏优秀传统文化和伤害民族尊严的文化及传媒活动。

第二十四条（修订）

国家实施创新驱动发展战略，鼓励科学技术研究和人工智能应用，加强知识产权保护，培养创新型人才，推动国家工业化和现代化进程。

第二十五条

国家建立健全医疗卫生服务体系，保障公民健康权益。

国家完善疾病预防控制体系，提高医疗服务质量，重点保障妇女、儿童、贫困人口和偏远地区居民的基本医疗需求。

国家鼓励社会资本依法投资现代化医疗服务机构。

禁止非法行医等违法行为。

第二十六条

国家扶持传统民族体育事业发展，推动国际体育交流合作，提升全民健康水平。

第二十七条

国家完善职业培训体系，强化劳动纪律，提升劳动者专业技能，保障劳动者合法权益。

第二十八条

国家建立健全社会保障体系，重点保障革命英雄、退役军人、离退休人员、残疾人和烈士家属等特殊群体的福利待遇。

第二十九条

国家、社会和家庭共同维护妇女儿童的合法权益，促进妇女儿童全面发展。

第三十条（修订）

国家鼓励发展文化旅游、生态旅游和农业旅游等特色产业，培育旅游经济新增长点。

禁止任何损害国家文化形象和违反旅游法规的行为。

第三章　国防和公共安全

第三十一条

国家实行全面国防政策，维护社会安全稳定。持续加强国防力量和公共安全力量建设，确保其政治可靠、装备先进，忠实履行保卫国家主权、领土完整、革命成果以及人民生命财产安全的神圣职责，为国家繁荣发展提供安全保障。

第三十二条（修订）

国防和公共安全是全民事业，是所有团体和公民的共同义务。国防和公共安全是国家独立、主权和领土完整的力量保障，是人民生命和财产安全的保障，是人民民主制度稳定的保障。

国防和公共安全建设应与经济社会发展和环境保护相协调。

第三十三条（修订）

国防和公共安全力量应当注重自身建设、壮大自身力量，强化对祖国的忠诚，建设成为具有革命性、纪律严明、作风优良、装备现代化且战斗力强大的人民武装力量，成为维护国家稳定、社会安宁及参与抢险救灾的核心力量。

国家注重发展国防和公共安全基础，着力提升其物资保障、技术水平、装备现代化程度以及军事战术、作战方法等专业能力。

第三十四条（修订）

国家和社会注重政策落实，切实保障公民的物质与精神生活；实施国防与公共安全后备力量建设政策，以提升其履职效能，增强其保卫国家和社会公共安全的能力。

国防与公共安全力量应当提升自给自足能力，强化自身建设，确保完成任务，并积极参与国家建设与发展事业。

第四章　公民的基本权利和义务

第三十五条

老挝公民是指依法具有老挝国籍的人。

国家依法尊重、保障人权及公民的基本权利。

第三十六条

老挝公民不分性别、社会地位、教育程度、宗教信仰和民族，在法律面前一律平等。

第三十七条

老挝公民年满十八周岁有选举权，年满二十一周岁有被选举权。但是精神病人、服刑人员和被依法剥夺选举权和被选举权者除外。

第三十八条

老挝公民无论男女，在政治、经济、文化、社会和家庭等各领域享有平等权利。

第三十九条

老挝公民有受教育的权利。

第四十条

老挝公民有劳动就业权。

劳动者有休息的权利，患病时有获得医疗救治的权利，在丧失劳动能力、残疾、年老和法律规定的其他情况下，有获得社会保障的权利。

第四十一条

老挝公民依法享有居住与迁徙自由。

第四十二条

老挝公民有权就涉及公共利益或个人权益的事项向国家机关提出申诉、控告和建议。

公民的申诉、控告和建议应当依法被受理，对公民的合法诉求应予以及时答复。

第四十三条

老挝公民的生命权、人身自由、人格尊严及住宅不受侵犯。

非经人民检察院批准或人民法院决定，任何公民不受逮捕、拘留或住宅搜查。法律另有规定者除外。

第四十四条

老挝公民享有宗教信仰自由，但不得违反法律规定。

第四十五条

老挝公民有不与法律相抵触的言论、著作、集会、结社和游行示威的自由。

第四十六条

老挝公民享有进行科学研究、文艺创作及合法文化活动的自由，但不得违反法律规定。

第四十七条（修订）

国家保护在外国的老挝公民的合法权益。

居住在外国的老挝侨民是老挝民族不可分割的一部分。

国家鼓励、促进居住在外国的老挝侨民维护和发展老挝优秀文化并为此创造条件，保障良好的家庭、亲属和家乡关系，共同促进国家发展。

第四十八条

老挝公民有遵守宪法和法律、劳动纪律及社会公共秩序的义务。

第四十九条

老挝公民有依法纳税的义务。

第五十条

老挝公民有保卫国家、维护社会安全以及依法服兵役的义务。

第五十一条（修订）

外国侨民、外国公民及无国籍者的合法权益受老挝法律保护，享有依法申诉控告权，同时负有遵守老挝宪法和法律的义务。

对老挝国防和建设事业作出重大贡献的外国人，可被授予老挝人民民主共和国荣誉国民称号。

第五十二条

老挝对因追求自由、正义、和平事业及科学研究而遭受迫害之外国人，给予庇护权。

第五章　国　　会

第五十三条

国会作为老挝各族人民利益的最高代表机关，是国家最高权力机关，行使国家立法权，决定国家重大事项，并监督宪法和法律的实施。

第五十四条（修订）

国会行使下列职权：

（一）制定和修改宪法及法律；

（二）审议批准国家发展战略、经济社会发展规划、财政预算及预算调整方案；

（三）决定国家财政、货币、预算赤字及政府债务政策；

（四）决定税种设立、税率调整及税收废止和取消事项；

（五）选举和罢免国会主席、副主席和国会常务委员会委员；

（六）选举和罢免国家主席、副主席；

（七）选举和罢免国务院总理；

（八）选举和罢免最高人民法院院长、最高人民检察院检察长、国家监察委员会主席、中央反贪局局长和国家审计署审计长；

（九）决定国会专门委员会主任及办公厅主任的任免；

（十）决定国务院副总理及其他组成人员的任免；

（十一）决定最高人民法院审判委员会委员的任免；

（十二）决定国会直属机构的设立与调整；

（十三）决定国务院组成部门、省、首都的设立与调整；

（十四）决定省和首都的管辖地区范围；

（十五）解散对国家和人民利益造成重大损失的地方人民议会；

（十六）监督宪法和法律的实施情况；

（十七）决定特赦；

（十八）批准重要国际条约的缔结与废止；

（十九）决定战争或者和平问题；

（二十）废止与宪法和法律相冲突的立法文件，人民法院和人民检察院的司法决定除外。

第五十五条

国会每届任期五年。

国会议员由老挝公民依法选举产生。

新一届国会选举应于任期届满前六十日完成。遇战争或其他特殊情况不能按期选举时，国会可延长任期，但须在特殊情况消除后六个月内完成选举。经出席议员三分之二以上多数通过，可提前举行换届选举。

第五十六条（修订）

国会常务委员会作为国会常设机构，在闭会期间代行国会职权。

国会常务委员会由主席、副主席和委员组成。

国会主席、副主席分别兼任常务委员会主席、副主席。

常务委员会主席、专门委员会主任及办公厅主任连续任职不得超过两届。

第五十七条（修订）

常务委员会行使下列职权：

（一）筹备和召集国会会议；

（二）提出宪法、法律修正案及法律解释；

（三）向国家主席提交主席令草案；

（四）任免最高人民法院审判庭庭长及人民法院审判员；

（五）任命最高人民检察院检察委员会；

（六）任命国家选举委员会；

（七）批准国际协定和条约的缔结与终止；

（八）受理和审议公民申诉。

第五十八条（修订）

国会每年举行两次例行会议。必要或者紧急时，经国会常务委员会决定，可召开特别会议。

必须有半数以上国会议员出席才能召开国会会议。

第五十九条（修订）

国会决议经出席议员过半数通过生效，但本宪法第五十五条、第六十七条、第六十九条和第一百二十一条规定事项除外。

第六十条（修订）

下列机关和组织享有法律提案权：

（一）国家主席；

（二）国会常务委员会；

（三）国务院；

（四）最高人民法院；

（五）最高人民检察院；

（六）国家监察委员会；

（七）国家审计署；

（八）建国阵线、老挝退役军人协会和群众组织的中央机构。

第六十一条（修订）

国会通过的法律，由国家主席于三十日内颁布。法律施行前，国家主席有权提请国会重新审议。国家主席提请国会重新审议的法律，国会维持原决议的，国家主席必须在重新决议后的十五日内颁布。

国家主席批准实施的法律，应在政府公报刊发。法律另有规定的除外。

第六十二条

涉及国家命运及人民重大利益的事项，须经国会或其常务委员会审议决定。

第六十三条（修订）

国会设立专门委员会和办公厅，在自身职权范围内为国会及其常务委员会提供专业支持。

第六十四条（修订）

国会议员有权向国家主席、国会主席、国务院总理、国务院组成人员、最高人民法院院长、最高人民检察院检察长、国家监察委员会主席、中央反贪局局长和国家审计署审计长提出质询。

被质询的人员应在国会会议上作出口头或者书面答复。

第六十五条

非经国会或其常务委员会批准，国会议员不受刑事审判、逮捕、拘留或羁押。

国会议员存在现时犯罪行为或情况紧急时，执法机关应及时向国会或其常务委员会报告。

被刑事侦查不能成为国会议员缺席议会会议的理由。

第六章 国家主席

第六十六条（修订）

国家主席作为老挝人民民主共和国元首，代表国家行使对内对外职权，兼任中央国防公共安全委员会主席及人民武装力量总司令，肩负维护国家独立、主权、领土完整与社会稳定的宪法职责。

第六十七条（修订）

国家主席由国会参会议员三分之二以上多数选举产生。

国家主席的任期与国会任期相同。

国家主席连续任职不得超过二届。

国家主席官邸为主席府。

第六十八条（修订）

国家主席行使下列职权：

（一）颁布宪法和法律；

（二）发布法令和主席令；

（三）召集并主持国务院特别会议，必要时列席国会常务委员会会议；

（四）根据国会决定任免国务院副总理及其他组成人员；

（五）任免最高人民法院副院长、最高人民检察院副检察长、国家监察委员会副主席、中央反贪局副局长、国家审计署副审计长；

（六）决定在国防力量和公共安全力量中服役的将军的衔级升降；

（七）任免主席府部长及副部长；

（八）派遣和召回驻外大使，接受外国使节，决定外交代表机构设置；

（九）按照国会常务委员会的提议，宣布设立国家选举委员会以及不同选区的国会议员、省人民议会议员的名额、候选人名额、选举日期；

（十）决定全国总动员或者局部动员，决定全国或者部分地区处于紧急状态，根据国会决议宣布战争与和平状态；

（十一）决定授予或设立国家金质勋章、荣誉勋章、胜利勋章和国家最高荣誉，以及其他形式的表彰；

（十二）决定特赦，宣布国会大赦决定；

（十三）决定给予外国人政治庇护；

（十四）代表国家缔结国际条约或协定。

第六十九条

国家设副主席，由国会参会议员三分之二以上多数选举产生。

副主席根据主席授权履行职责，在主席缺位时代行主席职权。

主席不能履职时，由副主席临时代理至新主席产生。

第七章 国 务 院

第七十条

国务院是国家最高行政机关，全面统一管理全国行政工作。

国务院向国会和国家主席负责。

第七十一条（修订）

国务院行使下列职权：

（一）组织实施宪法、法律及国会及其常务委员会决议，执行国家主席令；

（二）向国会提出法律案，向国会常务委员会提出法令案，向国家主席提交主席令草案；

（三）制定行政管理、经济社会发展、科技、自然资源、环境、国防、公共安全和外交相关的政令和法规；

（四）编制国家发展战略、社会经济发展规划和财政预算草案，提请国会审议批准；

（五）向国会提出国务院组成部门及省级行政区划调整方案；

（六）决定司局级机构的设置与调整；

（七）经省人民议会审议通过后，批准县级、市级行政区划的设立与调整；

（八）决定经济特区、经济专区及国际口岸的设置；

（九）指导、监督各部门和地方行政工作；

（十）决定授予、撤销、放弃或恢复老挝国籍；

（十一）决定授予外国人荣誉国民称号；

（十二）以老挝人民民主共和国政府的名义缔结国际条约和协定；

（十三）中止、废除或撤销国务院组成部门、地方政府与国家法律和其他上位立法文件相抵触的决定和命令，但是人民法院和人民检察院司法决定除外；

（十四）向国会及其常务委员会、国家主席报告工作。

第七十二条

国务院由总理、副总理、各部部长及部级委员会主任组成。

国务院任期与国会任期相同，国务院组成人员连续担任同一职务不得超过两届。

第七十三条（新）

国务院总理是国务院负责人，代表中央政府领导国务院和地方政府的工作；任免国务院组成部门副职及司局级官员；根据省级人民议会的决议任免省级政府主席；负责国防、公共安全力量中上校级军官衔级调整。

第七十四条（修订）

国务院副总理协助总理指导国务院和地方政府的工作，依照国务院总理的授权负责具体工作。

国务院总理缺位时，由指定的副总理代行职权。

第七十五条

国务院组成部门负责人负责组织实施国会及其常务委员会、国务院的决定，指导、管理和监督下属机构的工作；依照国务院的决定，与外国联系合作，签署协议或协定。

第七十六条

国会常务委员会或四分之一以上国会议员可以对国务院全部或者部分组成人员提出不信任案，国会应对该不信任案进行审议和表决。

国会经审议通过对全部或者部分组成人员不信任案的，国家主席有权提请国会再次审议或作出新的决议。

第八章　地方人民议会

第七十七条（修订）

地方人民议会是老挝各族人民权利的代表机关，是地方权力机关，制定地方性法规，决定本行政区域重大事项，监督检查本行政区域国家机关的工作和活动。

地方人民议会按照地方行政管理层级设立，分为省、县、乡三级。其中县、乡两级人民议会的设立由国会决定。

地方人民议会任期与国会任期相同。

第七十八条（修订）

省级人民议会行使下列职权：

（一）制定在本行政区域内具有普遍约束力的立法性规范文件；

（二）审议批准本地区经济社会发展规划及财政预算；

（三）选举和罢免省人民议会主席、副主席及常务委员会委员；

（四）决定常务委员会主席及办公厅主任的任免；

（五）决定本级议会组织机构设置；

（六）审议通过省级政府主席的任免；

（七）审议通过本级政府组成部门的设置以及省级政府副主席、厅长、县级和市级政府主席的任免；

（八）批准省级政府主席对厅级机构设置调整的提议；

（九）审议批准对省级及区人民法院院长的任免提议；

（十）审议批准对省级及区人民检察院检察长的任免提议；

（十一）决定县、市、乡的设置和辖区范围；

（十二）监督宪法和法律在本地区的实施；

（十三）废除或撤销辖区机关或下级机关与国家法律和其他立法文件相抵触的决定和命令，但人民法院和人民检察院的司法决定除外。

第七十九条（修订）

省人民议会设常务委员会，在议会闭会期间代行省人民议会职权。

省人民议会常务委员会由主席、副主席和委员组成。

省人民议会主席、副主席分别兼任常务委员会主席、副主席。

省人民议会常务委员会主席、专门委员会主席及办公厅主任连续任职不得超过两届。

第八十条（修订）

省人民议会常务委员会行使下列职权：

（一）筹备和召集省人民议会会议；

（二）按法律规定，任免人民法院工作人员；

（三）决定省级及县人民检察院检察委员会的设立；

（四）组建地方选举委员会；

（五）受理辖区人民的申诉。

第八十一条（修订）

省人民议会每年举行两次例行会议。必要时，经常务委员会决定可召开临时会议。

必须有半数以上议员出席才能举行省人民议会会议。

第八十二条

省人民议会决议经出席议会议员过半数通过生效。

第八十三条（修订）

省人民议会可以设立专门委员会和办公厅，在职权范围内为省人民议会及其常务委员会提供专业支持。

第八十四条（修订）

省人民议会议员有权向辖区省级政府主席、厅长、县级政府主席、省级人民法院院长、省级人民检察院检察长、驻区域监察委员会主席、省级审计署审计长、省级反贪局局长提出质询。

被质询的人员应在省人民议会会议上作出口头或者书面答复。

第八十五条（修订）

非经省人民议会或其常务委员会批准，省人民议会议员不受逮捕、拘留、羁押或刑事审判。

省人民议会议员存在现时犯罪行为或情况紧急时，执法机关应及时向省人民议会或其常务委员会报告。

被刑事侦查不能成为省人民议会议员缺席议会会议的理由。

第九章　地方政府

第八十六条（修订）

老挝人民民主共和国地方政府分为省、县、乡三级。

村作为基层群众性自治组织。

第八十七条（修订）

地方政府是本行政区域的行政机关，统一管理辖区行政事务。

地方政府向国务院和地方人民议会负责。

地方政府包括省政府、县政府和乡政府。

地方政府由政府主席、副主席和委员组成。

地方政府任期与同级人民议会相同。

第八十八条（修订）

地方政府行使下列职权：

（一）执行宪法、法律法规、同级地方人民议会决议、地方社会经济发展规划及地方预算规划；

（二）制定本地区社会经济发展规划、预算规划及国防公共安全工作计划，提请同级地方人民议会审议通过；

（三）负责辖区政治、经济、社会文化、国防治安、自然资源、环境等行政事务；

（四）制定关于经济、社会文化及国防公共安全的规范性文件；

（五）监督所属部门的履职工作；

（六）管理在辖区生活和活动的老挝公民、老挝侨民、外国人、无国籍人；

（七）受理辖区公民申诉；

（八）按照国务院授权与外国开展交流合作；

（九）定期向上级政府和同级议会报告工作。

第十章　人民法院和人民检察院

第八十九条（修订）

人民法院作为国家审判机关，依法独立行使审判权。

人民法院判决分为初审、上诉审和终审判决。

人民法院审判活动应当坚持司法公正、保障人权、维护人民民主制度以及国家、集体、组织和个人的法律权利。

第九十条（修订）

老挝人民民主共和国人民法院包括最高人民法院、地方人民法院和依法设立的军事法院。

必要时可以依照国会常务委员会的决定设立专门法院。

第九十一条（修订）

最高人民法院是老挝人民民主共和国的最高审判机关。

最高人民法院监督各级人民法院裁判，管理生效判决的执行。

第九十二条（修订）

最高人民法院院长由国会任命或罢免，任期与国会任期相同，连续任职不得超过两届。

最高人民法院副院长由国家主席任免。

最高人民法院审判庭庭长、人民法院审判员由国会常务委员会任免。

第九十三条（修订）

人民法院审理案件实行合议制，并以多数决方式作出判决。独任审判的除外。

审判人员独立行使审判权，只服从法律。

第九十四条

人民法院审理案件应当公开进行，但法律另有规定的除外。

第九十五条（修订）

诉讼当事人在诉讼过程中享有辩论权。

被告人有权获得辩护，可以自行辩护或者由监护人或律师辩护。

律师有权为诉讼当事人和被告人提供法律帮助。

第九十六条（修订）

社会和人民团体的代表有权依法参与案件审判活动。

第九十七条（修订）

人民法院的生效裁判具有法律效力，任何党组织、国家机关、建国阵线、退役军人协会、群众组织、社会团体、国际组织和全体公民均应尊重。

与案件相关的个人、法人和组织均应严格执行人民法院的生效裁判。

第九十八条（修订）

人民检察院是诉讼案件中的公诉机关和司法诉讼活动中的法律

监督机关。

第九十九条

人民检察院包括最高人民检察院、地方人民检察院和依法设立的军事检察院。

第一百条（修订）

最高人民检察院检察长领导各级人民检察院的工作。

第一百零一条（修订）

最高人民检察院检察长由国会任免，任期与国会相同，连续任职不能超过两届。

最高人民检察院副检察长由国家主席任免。

地方人民检察院检察长、副检察长、高级军事检察院副检察长和人民检察院工作人员依照法律规定进行任免。

第一百零二条（修订）

检察人员在执行检察事务时，只遵守法律规定。

第十一章　国家监察委员会和国家审计署

第一百零三条（新）

国家监察是国家监察机关依法对政策执行、法律法规落实、职责履行实施的监督活动，包括对国家机关及其工作人员履职情况的全面监察，并提出整改建议。

第一百零四条（新）

监察机构履行监督、检查、预防和打击贪污腐败的职权，处理违法行为的举报。

国家监察委员会的组织由法律规定。

第一百零五条（新）

国家监察委员会主席由国会任免，负责向国家主席和国会报告监察、反贪污腐败及处理举报违法问题的工作。

国家监察委员会主席连续任职不得超过两届。

国家监察委员会副主席由国家主席任免。

各级监察委员会的主席、副主席的任免由法律规定。

第一百零六条（新）

国家监察委员会行使下列职权：

（一）监督使用国有资产和预算的机关在执行政策、法律、规划、方案、项目、职能、权利与义务方面的情况；

（二）调查具有违法行为的国家公职人员、军人、警察及其他个人在履职方面的情况；

（三）监督反腐败案件判决执行；

（四）核查政府投资项目实施情况，根据国会或地方议会的审查决议进行核查，并执行财产和收入申报；

（五）审议并修订关于预防和打击腐败的提案，开展贪污腐败案件及与腐败相关的洗钱案件的调查与审查工作；

（六）提出纠正监察结果的措施和解决方案；

（七）向国会或地方人民议会报告监察工作，特别是监察结果及整改情况。

第一百零七条（修订）

国家审计是国家审计机构对财政预算管理、财政收支及国有资产使用情况进行审计监督的活动。

第一百零八条（修订）

国家审计署开展审计监督，提出审计建议，督促审计整改。

国家审计署的组织由法律规定。

第一百零九条（修订）

国家审计署审计长由国会任免，直接向国会负责，向国家主席、国务院总理、国会常务委员会报告工作。

国家审计署审计长连续任职不得超过两届。

国家审计署副审计长由国家主席任免。

第一百一十条（修订）

国家审计署行使下列职权：

（一）依法独立开展审计监督，对国家预算编制与执行、财政收支、投资计划及财务报告等事项的合法性和准确性进行审计；

（二）对审计系统内部工作进行监督管理；

（三）依法报告审计工作情况及结果；

（四）根据审计结果提出处理建议并监督整改。

第十二章　选举委员会

第一百一十一条（修订）

选举委员会包括国家选举委员会和地方选举委员会。

国家选举委员会是国会常务委员会决定后由国家主席颁布主席令设立的机构，负责指导国会议员、地方人民议会议员和地方选举委员会的选举。

地方选举委员会由地方议会常务委员会设立和宣布，负责组织实施本行政区域内国会议员和地方人民议会议员的选举工作。

第一百一十二条（修订）

国家和地方选举委员会由主席、副主席和委员组成。

国家选举委员会任期在每届国会首次会议后终止。

地方选举委员会任期在新一届地方议会首次会议后终止。

国家选举委员会和地方选举委员会的具体职权由法律另行规定。

第十三章 语言、文字、国徽、国旗、国歌、国庆日、货币、首都

第一百一十三条

老挝语和老挝文是官方语言和文字。

第一百一十四条

老挝人民民主共和国的国徽为圆形，下方是齿轮和红色的彩带，彩带上有“老挝人民民主共和国”字样。外围两边由两束成熟的谷穗围成圆形花环并系有红色彩带，彩带上有“和平、独立、民主、统一、繁荣”的红色字样。两束谷穗之间是塔銮塔的图案。圆形国徽中央是道路、田园、森林和水电站的图案。

第一百一十五条

老挝人民民主共和国的国旗由深蓝色的底、红色的边和白色的满月组成。国旗的宽度为长度的三分之二。两条红边宽度各为深蓝色底宽度的二分之一。白色月亮的直径为深蓝色底宽度的五分之四。

第一百一十六条

老挝人民民主共和国的国歌是“老挝国家”。

第一百一十七条

老挝人民民主共和国的国庆日为一九七五年十二月二日，是老

挝人民民主共和国成立之日。

第一百一十八条

老挝人民民主共和国的法定货币是基普。

第一百一十九条

老挝人民民主共和国的首都是万象市。

第十四章　附　　则

第一百二十条（修订）

老挝人民民主共和国宪法是国家的根本法律。

其他法律应遵守宪法。

一九九一年八月十五日为国家宪法日。

第一百二十一条

只有老挝国会才有修改老挝人民民主共和国宪法的权力。

修改宪法应经国会全部议员三分之二以上同意。

第一百二十二条（修订）

本宪法自老挝人民民主共和国国家主席颁布施行主席令之日起生效。

本宪法取代 2015 年 12 月 8 日国会第 63 号通过的老挝人民民主共和国宪法。

老挝国会主席

赛颂蓬·丰威汉

图书在版编目（CIP）数据

老挝民法典及相关文本 / 唐超，刘荣华，覃雪丹译. 北京 ：中国法治出版社，2025. 5. -- ISBN 978-7-5216-5227-7

Ⅰ. D933. 43

中国国家版本馆 CIP 数据核字第 2025W5R221 号

责任编辑：李璞娜　　　　封面设计：李　宁

老挝民法典及相关文本

LAOWO MINFADIAN JI XIANGGUAN WENBEN

译者/唐超，刘荣华，覃雪丹
经销/新华书店
印刷/北京虎彩文化传播有限公司
开本/880 毫米×1230 毫米　32 开　　　　印张/9. 5　字数/159 千
版次/2025 年 5 月第 1 版　　　　2025 年 5 月第 1 次印刷

中国法治出版社出版
书号 ISBN 978-7-5216-5227-7　　　　定价：46. 00 元

北京市西城区西便门西里甲 16 号西便门办公区
邮政编码：100053　　　　传真：010-63141600
网址：http：//www. zgfzs. com　　　　**编辑部电话：010-63141670**
市场营销部电话：010-63141612　　　　**印务部电话：010-63141606**

（如有印装质量问题，请与本社印务部联系。）